U0036237

晚期解構主義

賴俊雄／著

孟樊／策劃

出版緣起

　　社會如同個人，個人的知識涵養如何，正可以表現出他有多少的「文化水平」（大陸的用語）；同理，一個社會到底擁有多少「文化水平」，亦可以從它的組成分子的知識能力上窺知。眾所皆知，經濟蓬勃發展，物質生活改善，並不必然意味著這樣的社會在「文化水平」上也跟著成比例的水漲船高，以台灣社會目前在這方面的表現上來看，就是這種說法的最佳實例，正因為如此，才令有識之士憂心。

　　這便是我們──特別是站在一個出版者的立場──所要擔憂的問題：「經濟的富裕是否也使台灣人民的知識能力隨之提升了？」答案恐怕是不太樂觀的。正因為如此，像《文化手邊冊》這樣的叢書才值得出版，也應該受到重視。蓋一個社會的「文

化水平」既然可以從其成員的知識能力（廣而言
之，還包括文藝涵養）上測知，而決定社會成員的
知識能力及文藝涵養兩項至為重要的因素，厥為成
員亦即民眾的閱讀習慣以及出版（書報雜誌）的質
與量，這兩項因素雖互為影響，但顯然後者實居主
動的角色，換言之，一個社會的出版事業發達與
否，以及它在出版質量上的成績如何，間接影響到
它的「文化水平」的表現。

　　那麼我們要繼續追問的是：我們的出版業究竟
繳出了什麼樣的成績單？以圖書出版來講，我們到
底出版了那些書？這個問題的答案恐怕如前一樣也
不怎麼樂觀。近年來的圖書出版業，受到市場的影
響，逐利風氣甚盛，出版量雖然年年爬升，但出版
的品質卻令人操心；有鑑於此，一些出版同業為了
改善出版圖書的品質，進而提升國人的知識能力，
近幾年內前後也陸陸續續推出不少性屬「硬調」的
理論叢書。

　　這些理論叢書的出現，配合國內日益改革與開
放的步調，的確令人一新耳目，亦有助於讀書風氣
的改善。然而，細察這些「硬調」書籍的出版與流

傳，其中存在著不少問題。首先，這些書絕大多數都屬「舶來品」，不是從歐美「進口」，便是自日本飄洋過海而來，換言之，這些書多半是西書的譯著。其次，這些書亦多屬「大部頭」著作，雖是經典名著，長篇累牘，則難以卒睹。由於不是國人的著作的關係，便會產生下列三種狀況：其一，譯筆式的行文，讀來頗有不暢之感，增加瞭解上的難度；其二，書中闡述的內容，來自於不同的歷史與文化背景，如果國人對西方（日本）的背景知識不夠的話，也會使閱讀的困難度增加不少；其三，書的選題不盡然切合本地讀者的需要，自然也難以引起適度的關注。至於長篇累牘的「大部頭」著作，則嚇走了原本有心一讀的讀者，更不適合作為提升國人知識能力的敲門磚。

　　基於此故，始有《文化手邊冊》叢書出版之議，希望藉此叢書的出版，能提升國人的知識能力，並改善淺薄的讀書風氣，而其初衷即針對上述諸項缺失而發，一來這些書文字精簡扼要，每本約在六至七萬字之間，不對一般讀者形成龐大的閱讀壓力，期能以言簡意賅的寫作方式，提綱挈領地將

一門知識、一種概念或某一現象（運動）介紹給國
人，打開知識進階的大門；二來叢書的選題乃依據
國人的需要而設計，切合本地讀者的胃口，也兼顧
到中西不同背景的差異；三來這些書原則上均由本
國學者專家親自執筆，可避免譯筆的詰屈聱牙，文
字通曉流暢，可讀性高。更因爲它以手冊型的小開
本方式推出，便於攜帶，可當案頭書讀，可當床頭
書看，亦可隨手攜帶瀏覽。從另一方面看，《文化
手邊冊》可以視爲某類型的專業辭典或百科全書式
的分冊導讀。

我們不諱言這套集結國人心血結晶的叢書本身
所具備的使命感，企盼不管是有心還是無心的讀
者，都能來「一親她的芳澤」，進而藉此提升台灣社
會的「文化水平」，在經濟長足發展之餘，在生活條
件改善之餘，國民所得逐日上升之餘，能因國人
「文化水平」的提升，而洗雪洋人對我們「富裕的貧
窮」及「貪婪之島」之譏。無論如何，《文化手邊
冊》是屬於你和我的。

孟樊

一九九三年二月於台北

序

> 即使關在胡桃殼裏，我也會把自己當作擁有
> 無限空間的君主
>
> —— 莎士比亞

　　在德希達思想的胡桃殼世界裏，生命的無盡
「解構」本質，應像是一首深具「戲劇性」及「陌生
化」的詩篇，詩中文字雖少，但它獨特現實的存在
情境，卻充分催化符徵的功能，不斷迫使每一個文
字（日子）在周遭文字（前後不在場的日子）強烈
共振下，將其本身潛能發揮極致，從而釋放出語言
所蘊藏，最豐富及最多樣性的異質符旨。筆者一向
興趣廣泛，喜愛搜尋蘊藏在生命底層結構，細密不
規則裂隙處多樣微細的陌生聲音，因此，深受德希
達解構論述的吸引，進而，嘗試用詩的筆來寫理
論，用理論的筆來寫詩；在主體邏輯的胡桃殼內，
添加些戴奧尼辛式（Dionysian）的另類想像與狂歡色

彩；在想像的雲端上，蓋一座柏拉圖式（Platonic）的理性城堡，讓它隨著多變心情的風移動——也因此很難專注在一個特定主題持續寫作（當然，博士論文除外）。

二月份交付稿件後，前天編輯告知要寫一篇「序」，於是，決定選擇一支「涉世漸深」的詩筆，來完成此一使命。德希達說「序」事實上是「後言」，而非「前言」，倒置「序」在書寫過程中我們習以為常的順「序」。一時興起，翻開桌上由何容主編的《國語日報字典》，發現「序」字竟蘊藏有不同情境下九種多樣涵義，其中有預期的第五項涵義：「文體的一種。通『敘』，陳述作者的意趣，排印在書前面的文字；通稱『序文』，也作『序言』」；然而，讓筆者眼睛為之一亮的是其第一涵義：「從前說廳堂的東西兩牆」，以及第二涵義：「古代鄉學（地方學校）叫庠，也叫序」。

換言之，「序」最初最初的符旨是古代知識傳承與流通的宮牆，讓講學有了屋宇，讓學問（「學」與「問」）有了規範，讓語言意義的流通有了可以遵循的方向。因此，「序言」在此具築牆的功能，期

望作者將自己已經寫成的書置入「東西兩牆」，以清楚地告訴讀者此書作者的「意趣」。有趣的是，如此一來，「序」即呈現出一種強調「自我解構」的文體，因為它不僅是一種作者回頭「重尋」的企圖，一種重返「桃花源」的欲望，更是一種「靈山僅在汝心頭」的內心銘刻（inscription），一種總已經（always-already）書寫的源頭蹤跡（trace）；既是一種對整體（totality）的回歸，亦是一種對早已存在的主體性空缺（void），當下的渲染與替補（supplement），更是起始與結束兩端間的漫遊與流浪；因此，「序」是源頭（the origin）、是內在結構（the inner structure）、是邊緣（margins）、是界線（boundaries）、也是終結（the end）；建構宮牆、穿梭宮牆，也解構自身宮牆。

　　或許，「序」的功能已不重要，因為它馬上會被一章一章書本的內容更替，會被「導論」及「結論」取代，此時此刻重要的是寫序心情：在空間上，眼、耳、鼻、舌、身意等感覺的內在差異交替的變化，以及在時間上，喜、怒、哀、樂等情緒的向後無盡延展，想是，此時此刻研究室窗外，南台

灣清明時節新鮮、和煦、金黃色的春陽,輕灑在成功湖橄欖綠的湖面,瞬間化作萬千點晶瑩剔透,小珍珠似的笑靨,不停地閃著、閃著、閃出成功湖格外亮麗動人的容顏;摒息,凝視湖畔,簇簇羊蹄甲花萼裡蘊藏的粉紅火藥,緩緩地、溫柔地爆炸——炸開一叢春天的璀璨;燃燒——燒起一團生命的光和熱。在我吐納的剎那,那灼灼的嬌艷即萎成枯老的默紫,從詩歌的行句間寬解鮮艷的彩裳,歸返塵土,催促新火藥的裝填——再次「延異」出,成功湖畔羊蹄甲花在植物符號鏈中最原始的符旨。

　　這樣生命更迭的景象,有如擺在眼前書桌右上方,一疊六百字稿紙的此書原稿,書寫在稿紙中枯老及潦草的文字彷彿是被捕抓、分類、製作後的各種昆蟲,在最後掙扎(潤稿)後,僵硬微曲的肢節羽翅向外開張,以不同之姿靜靜平躺,井然有序地被置放在小小四方稿格箱內——曾經向左、向右、向前、向後反覆推敲的理念摺跡,曾經像一朵朵遞嬗火燄般燃燒的「陌生化」思想,曾經相逢在章節轉彎處的「戲劇性」感觸,般般印痕,於斯足見,再次躡足返回,重現眼前。逐漸甦醒的交錯光影,

在意識湖畔的楊柳樹下遊戲；時間分類「回收」後再生的一串串翠綠楊柳，猛然如劍，柳尖們隨風垂直交錯輕點湖面，記憶，便，細膩地漣漪了起來，航向時間的無盡，空間的無窮。

「即使關在胡桃殼裡，我也會把自己當作擁有無限空間的君主」，莎士比亞曾經如是說。在傳統胡桃殼的世界裡，井蛙拘虛，夏蟲篤時，曲士束教；然而，拜「全球化」科技與文明之賜，現代人只要動幾根指頭，即可擺脫井蛙，夏蟲及曲士的傳統宿命：縱遊光陰，橫歷各洲，作一位擁有無限空間與時間的君主。國人也得以輕推島嶼的窗口，面迎窗外海洋觸及處，不一樣的世界，拓展更寬闊的生命視野，吸吮最新的國際文化養分，滿足心靈更深層、更多元的渴望。無庸置疑，「全球化」一方面已塑造一個嶄新和歡悅的「時空壓縮」（time-space compression）或「去疆域化」（deterritorialization）的現象，人類得以拋開以往軀體及時空的重重侷限，使天涯若比鄰，海角若胡同，向二十一世紀的世人展現其「美麗新世界」的璀璨未來。

然而，另一方面，除了馬克思早已告訴我們，

高度開發性資本主義會帶來的「貧富懸殊」、「商品拜物」及「疏離效應」等負面現象外，各式各樣文化認同和論述眞理的「權力意志」（will to power），在全球價值體系重新形塑中的外延，縱橫分割的各個邊緣象限中，持續與多重霸權結構猛烈交錯碰撞，掀起一陣後冷戰時代新世界秩序的意識形態對立（ideological antagonism）、「杭廷頓式」文明板塊的衝突（clash of civilizations），以及「擁全球化」與「反全球化」的爭論勃谿。不可諱言，美國「九一一事件」已讓我們忽然聞到一種後現代深山裡，層層疊疊秋葉燃燒的氣味；讓全世界在全球重複播放的螢幕中，以錯愕的眼神，望見此千百年積累的冰山，正從「公共場域」（public spheres）海面，浮現驚心動魄的一角；不同音階的號角、全新及全面多元的戰鼓聲，已然在耳際響起。

　　因此，檢視當代眞理與權力的相互依存關係，處理各種認同形塑與交擊的問題，成爲目前哲學視域的新典範。西方千年哲學以文字於形而下胡桃殼裡，已建構了一座理性殿堂。後現代多元文化理論則爲這座龐富的殿堂，推開各種面向的窗，透過

窗，我們不僅得以一窺殿堂內神秘又現實的世界，
更能對生命作進一步的觀照——在目前「全球化」
流轉無常的生存情境中，我們該如何搜索生命底層
重巒疊嶂的「主體」：該如何認識它？丈量它？定
義它？試煉它？又該如何超越它？思考當前種種現
實多變的國際情境：何謂正義？何謂暴力？何謂
真？何謂假？何謂是？又何謂非？緊纏於邏輯胡桃
核內的主體困窘與疑惑，常期待像德希達這樣思想
家巨斧的破解。因此，值此文化理論爭論四起之
際，我們應在跨國公共場域中，不斷地自我充實，
善納「異」見，折衝捭闔，方能建構自己「質化」
的論述立場，提出新議題，試探新策略，開展新論
點，讓生命肩膀上荒謬並存的「輕」與「重」，能有
被承受的可能。

　　海德格在《存在與時間》指出，閱讀、理解及
書寫的行為均是生命一種主動的「拋射」過程。事
實上，本書經由多元的「拋射」姿態——或介紹、
或分析、或詮釋、或舉例、或辯護、或比較、或評
論、或釐清、或質疑、或延伸論點——爬梳整理的
已不僅是對晚期德希達在後現代政治脈絡中的龐深

著作，同時也是筆者自身對生命底層重巒疊嶂「主體」
的認知與超越。因此，與其說這是一本獨立完整的介
紹書籍，不如說它是對晚期解構主義的一種播散、一
種延異、一種補充或一種對話；同時，也可以說，是
對已逝哲人，德希達幽靈／精神的一種繼承——一種
經由主動的閱讀、理解、思考、選擇、詮釋及評論的
幽靈繼承。國內目前尚無書籍對晚期解構主義，作系
統式的介紹與評論，故甘冒梨棗之譏，期能拋磚引
玉，深望博雅君子，不吝指教。

　　事實上，書寫作為一件「事件」（event），永遠
是一件「現實」的單純事件（當時「在場」的人、
事、時、地、物），同時也是一件「非現實」的混雜
事件（影響「在場」事件的「不在場」人、事、
時、地、物），在主體胡桃殼世界裏的極度「濃縮」
與「延伸」；是單一體（singularity），同時也是多
重體（multiplicity）。此次能於去年十月悄然靜心燈
下，鋪紙磨墨，焚膏繼晷，在現有的研究成果上，
以「半閉關」的方式，持續密集書寫，四個月即交
稿，除了有其書寫的「在場」性因素外，更重要的
是兩件「不在場」事件的發生：一為敬重的德希達

於去年十月因癌症逝世，另一為揚智出版社林新倫
主編的邀稿與督促，兩塊火石的撞擊，擊出內心的
火花與能量，使筆者能有足夠的決心與毅力，一氣
呵成地完成此書。

謝謝揚智的編輯群，尤其是鄧宏如及姚奉綺編
輯，沒有她（他）們的努力，本書不可能這麼快即
能問世。感謝國科會九十一年度專題研究計畫的補
助（NSC91-2411-H006-007），使得個人對晚期解構
主義的政治系譜學的研究幼苗，得到適時的滋養，
方能不斷萌發新枝，開花結果，並在《中外文學》
發表本書部分成果。除此之外，在筆者研究及書寫
的過程中，與我一起討論及給我精神支援的好友及
同事一併致謝。還要謝謝三位超級助理——汪素
芳、邱雅菁及陳乃華，在自身學業與論文的壓力
下，仍然全力配合筆者的進度，以最短的時間內完
成交付的工作，功不可沒。

最後，當然要感謝父母長久以來的支持，以及
妻子蕙甯全心全力地幫我照顧，正在青春期快速成
長中的雨萱及予淵，讓我一直能以後顧無憂之姿，
在生命的胡桃殼世界裏，細細搜尋內心底蘊一些微

細的聲音，以及隱藏在這十方三世「人間」大塊文
章背後，待發現、書寫、詮釋及進一步評判的「人
性」。在這「全球化」的每日生活情境中，教書、研
究、行政服務、同事與友人情誼、飲食習慣的調
適、親子溝通與活動、教改的弊端、價值系統的矛
盾、各種認同的衝突、時間的交錯管理、政府粗糙
的治理術（藍或綠）、東南亞的強震海嘯、兩岸的政
經關係、第三世界的債務、生態環境危機等各項生
命議題與問題，不斷跨越邊界，交叉指涉，無常流
轉；然而，家人的關愛，仍是每天早晨醒來，推開
窗戶，面對現實生活，一步一腳印去實踐理想，最
重要的動力來源，因此，將此書獻給他們。

寫於台南成大外文系研究室
二○○五年四月

目錄

導 論

「解構主義是對不可能事物的不懈追尋」
(Deconstruction is the relentless pursuit of
the impossible)(Caputo, 1997: 32)。

　　走進後現代的城市文本，佇足望去，一列列當
代理論專櫃櫥窗內，展示著哲學、文學、政治、歷
史、法律、社會學、文化、教育、兩性關係、心理
分析、電影、音樂、美術、舞蹈、攝影、建築等琳
琅滿目的「符號商品」，多樣、華麗、新奇、立異、
聳動、挑戰禁忌，令「睹者」目不暇給，多元的商
品符號在流轉的驚異目光中不斷地模仿、扮串、變
身、戲耍、驅魔、降妖、哀悼、虛擬、挪用、錯
置、雜貼、交媾、混血、重述、播散，企圖顛覆淘
汰整個舊的、權威的、主流的、宗主的、白人的、
陽性的、異性的、父權的、西方的、邏各斯的及幻
見的傳統商品。這些曾被壓抑的聲音，全面性地以

正義之名「揭竿起義」，從邊緣發音、喊話，在「眾
聲喧嘩」中藉由不斷「解構」中心，企圖為「虛擬」
的宇宙量身，為「文本」的銀河探底，撞擊出後現
代情境中人類「欲望」隱藏的宮牆。

　　而德希達（Derrida）的解構主義[1]幾乎成為邊緣
族群發音、喊話的大型講台及批判權威文化的理論
基礎。弔詭的是，當這些後現代咄咄逼人「去中心」
的聲音，逐漸被學術市場建制化（institutionalized）
及全球化（globalized）後，即順理成章（或無奈地）
一步步向中心挺進，甚至進而取代所質疑笑謔的
「中心」。更弔詭的是，擠進主流後，驀然發現，事
先假想攻堅的主流其實僅是一種移動中的支流，而
所謂的中心也僅是一種欲望投射的假象、一種另類
的邊緣、一種由替補（supplement）建構的自由活動
（play），那無以名狀幽靈般的「匱乏」（Lack），才
是主體「真實」（the Real）的中心。或許，這就是
後現代最獨特的現象吧。此雙重弔詭現象，也印證
德希達的真知灼見──「中心」僅是（也必須是）
永遠的「延異」（différance），以避免陷入「在場」
（the present）的權力欲望及二元對立的邏各斯

（logos）窠臼。

在這流派紛繁、百家爭鳴、立論日新月異的後現代思潮中，解構主義於旋踵間由德希達播種迄今，已然屆「而立之年」——從六〇年代中期於法國的哲學土壤中萌芽，至七〇及八〇年代在美國的文學理論蒼穹中茁壯，快速地張開向全球四方舒展的巨臂，濃綠的葉，交錯有致的枝，蔭翳成網、成幕，占據一片後現代青煒的思想蒼穹。然而，德希達絕非屬於康德（Kant）式中規中矩地鋪陳論點、提出新解、歸納推論的哲學家；事實上，解構主義近四十年，一路走來，風風雨雨，始終如一：德希達大量閃爍不定的解構詞彙、迂迴側進的策略、晦澀艱深的書寫風格，加上其強調「延異」的文本性及不確定性，解構主義因而常被斥為倫理的相對主義與政治的虛無主義；但德希達於九〇年代前仍不願對解構主義的政治涵義提出「直接」的說明，直至九〇年代初期，共產主義體制如骨牌效應般，以驚人的速度一一倒下，德希達看到以美國為首的右派民主國家沉溺於自以為是及自鳴得意的「幻見」中，不知自拔，才「直接」且「積極」地介入微觀

的政治場域，解構主義方有明顯的政治轉向——他
以〈法律的力量〉、《馬克思的幽靈》、《友誼的政
治》、《再會》、《論都會主義及原諒》、《他者的單
語主義》、〈馬克思及兒子〉、《談判》、《沒有不
在場證明》、〈自動反免疫系統〉及〈支持阿爾及利
亞〉等論述，展現晚期解構主義在政治論壇上不容
輕視的影響力，使解構主義在「世紀末」跨出文本
性導向的符號疆界，以跨千禧之姿，邁進二十一世
紀。

　　解構的激進性與游移性常招致誤解與非議。解
構並非「否定」的虛無與破壞，亦非「無定」的相
對主義——任一個解構姿態雖無終極的旨趣或固定
的意向，但卻並非毫無意向或旨趣。大陸學者張寧
於德希達逝世當年完成一項重要的使命，以中文翻
譯德希達三部成名巨著之一《書寫與差異》（二〇〇
四譯版），當他以訪談代譯序時，問道：「解構本身
難道沒有某種意向或旨趣所指嗎？」。德希達回答：

> 我並不認為解構有某種終極目的。從某
> 種角度說它是無限定的，無止境的，它

也不是相對主義，它在每一個不同的上
下文脈絡中移動或轉型，但它沒有終極
目的……我不知道一般解構的一般旨趣
是什麼，但我想那種一般的解構是不存
在的。只存在既定文化、歷史、政治情
境下的一些解構姿態。針對每種情境，
有某種必要的策略，這種策略依情況的
不同而有別，我們應當分析的是這種具
體上下文中的旨趣所在（Derrida, 2004a:
20）。

　　職是，解構實踐是一種在既定文化、歷史、政
治情境中的移動或轉型，藉由此種多變的解構姿
態，從某種它無法確定、無法命名的脈絡外部著
手，以求確定並解放那些被其歷史所遮蔽或政體所
壓迫的他者群。德希達說：「顯然，解構、解構姿
態今天對於我來說與四十年前是不一樣的，因爲情
況發生了變化，哲學場域、政治場域在法國、歐洲
及世界各地皆發生了變化。而這種姿態在中國文化
的實踐也不可能是一樣的，因爲傳統、記憶、語言

都不同……所以每一次具體的『旨趣』都是不同的」
（Derrida, 2004a: 20）。

　　然而，我們可以說，解構主義四十年來所有不
同政治實踐的意向或旨趣均是一種「行動性正義」
（performative justice）。因此，德希達強調解構的責
任自然是以不同的「旨趣」盡可能地轉變批判場
域，在不同霸權的上下文脈絡中靜靜蟄伏、細膩觀
察、制定策略、分點埋伏、跨越疆界、突襲、游
擊、交戰、轉進、回襲、撤離、重組、再轉型，準
備下一回不同情境、不同面向及不同力道的解構攻
堅。這就是爲什麼解構不是一種簡單及清楚的理
論、哲學、方法論或形而下姿態，它是一種積極介
入倫理及政治轉型的姿態，因此亦是質疑並轉變一
種霸權的情境，自然亦具有挑戰並轉移那些故步自
封的霸權。解構主義在其「延異」的政治旅途中絕
不停下其「播散」與「纏繞」的腳步，防止「自我」
的政治霸權僵化人性底蘊與「他者」的倫理基石。
從此角度而言，「解構一直都是對非正當的教條、
權威與霸權的對抗。這對所有的情況都是共性的，
以某種肯定的名義，這種東西並非一種目的，但它

總是一種肯定的『是』。我常強調解構不是『否定』
這樣一個事實。它是一種肯定，一種投入，也是一
種承諾」（Derrida, 2004a: 21-2）。

　　作為一種「肯定」，一種「投入」及一種「承
諾」，解構是人世間「倖存者」的絕對責任。德希達
可說是一九六〇年代激進派精英中尚能在二十一世
紀持續「發聲」的「倖存者」。在他臨終前最後一次
接受訪談＜我正和我自己作戰＞中，他指出「倖存
一如生與死的複雜對立，在我這裡，始於無條件的
肯定生命，倖存，這是超越生命的生命，比生命更
多的生命」，因為「任何時候，『解構』都是站在
oui（法語，說『是』，意指肯定的表達）、肯定生命
的這一邊」（Derrida, 2004b: 67）。解構永遠站在肯定
生命這一邊的「政治山崖」，呼應對面虛無縹緲處，
一座遙遠的「倫理山崖」上不斷傳來的吶喊，一道
道「他者」對正義的呼救與吶喊。因此，德希達所
強調解構的肯定、投入與承諾成為一種世間政治與
倫理不斷交相對話與呼應的保證——在列維納斯
（Levinas）式「無盡」（infinity）的山谷之間。

　　行文至此，筆者必須指出，一般評論家（如李

拉、薩依德及史賓克）認為，雖然德希達九〇年中期前也曾觸及些許政治與倫理的議題，但均側重形而上宏觀的面向，未能直接有效地探討及解決當下情境中現實的問題，此類早期解構主義論述羽翼已豐，在此不再贅述[2]。本書要引介與分析的是，相對於六〇年代中期後結構主義（含早期德希達本人）所揭櫫並大力揮舞「文本之外無他物」的大纛，解構主義的政治性與倫理性常引起爭論，被學者擺在一起，混為一談，有鑒於此，在探討什麼是德希達晚期解構倫理與政治系譜學中的「他者哲學」、「暴力」、「正義」、「禮物」、「交換經濟」、「馬克思幽靈」、「幽靈纏繞邏輯」、「新世界秩序的十大瘟疫」、「反全球化」、「九一一」、「政治友誼」、「救世主主義」及「來臨式民主」等熱門議題之前，有必要在導論處先將兩者作進一步的分殊與釐清。對德希達而言，政治與倫理（或列維納斯所稱「倫理的倫理」）雖然有密不可分，輾轉纏結的對話關係，卻有不同的屬性與運作領域，且兩者間有一個永遠不可化約的距離或間隙（hiatus）。德希達說：「政治與倫理之間仍然保持著一個間隙」（Derrida,

1999: 116）。

　　簡言之，猶如條文法律永遠不可被化約為正
義，冊載歷史永遠不可被化約為史實，形而上哲學
永遠不可被化約為真理，宗教永遠不可被化約為信
仰，政治永遠不可被化約為無盡的倫理，然而，政
治卻是倫理在特定時空下再現的藝術。職是之故，
「解構主義倫理無盡的要求乃起始於對單一情境的反
應，並喚起一個政治決定的創造」（Critchley, 1999:
279）；換言之，政治必須被視為「對他者單一要求
的反應藝術」（the art of response to the singular
demand of the other）以喚起一個在此特定情境下政
治的創造（political invention）（Critchley, 1999:
279）。由此觀之，早期德希達大量論述雖較側重探
討解構主義無盡的文本性，但卻是不折不扣在六〇
年代法國結構主義強調結構及邏各斯霸權情境下創
造的政治藝術；更明確地說，德希達每一個顛覆性
的解構論述，在我們當代的時空中，都具有其明確
的政治性（及其背後的倫理性）。然而，不可諱言，
就論述內容而言，九〇年代前德希達並未「積極介
入」微觀倫理論述及當今急迫的政治問題；事實

上，他總堅持銜枚繞過，迂迴側擊。一九九三年
（英文譯版一九九四年）發表的《馬克思的幽靈》一
書，被視為最直接且具體的政治轉向；因此，一如
往昔，又掀起一陣「擁解構」及「反解構」的激
戰。

　　評論家對德希達的「世紀末」政治轉向持著兩
種極端的看法：高呼叫好或為其論述闡述說明有
之，嚴詞譴責或提出質疑亦有之。在《馬克思的幽
靈》所掀起的掌聲與噓聲仍交錯不絕於耳之刻，德
希達於一九九四年（英文譯版一九九七年）再以
《友誼的政治》展現後解構主義在政治論壇上不容輕
視的魅力。解構雖然不是一種方法或一套理論，但
卻可以學習與傳授，德希達解釋：「我想要保持我
所解構的一切的那種鮮活性。所以那不是一種方
法，不過我們的確可以從中找到一定的規則，至少
是臨時性的規則。這就是為什麼解構雖然不是一種
方法，但卻可以被傳授」（Derrida, 2004a: 22）。本書
的目的即在以九○年代解構主義政治轉向後，德希
達重要的倫理與政治著作為主，輔以其他晚近訪談
及相關重要文獻，介紹並探討德希達在晚期解構政

治系譜學中各種精彩，亦可運用至文化及文學批
評，可學習的解構姿態。在結構上，本書共分六
章，除導論及結論外，每一章均有各自主題，因此
讀者可依個人喜好挑選自己較有興趣的篇章先讀。

註釋

1 Deconstruction 在國內被譯成「解構主義」、「解構理論」
　或「解構哲學」都僅是「必要邪惡」的權宜之計。雖然德
　希達的Deconstruction 具有強烈反主義、反理論及反哲學
　的屬性，然而，若譯成「解構」並不符合中文的語意（甚
　至有分不清是動詞、名詞或形容詞的困擾）；再者，經過
　近四十年西方學術體制強力「制度化」（institutionalized）
　的解構論述，不可諱言地，也早已沾滿「主義」、「理論」
　及「哲學」的味道。

2 國內早期解構主義言簡意賅的入門書請參閱楊大春
　（1994）。《解構理論》。台北：揚智文化。

參考書目

Caputo, J. D (1997). *Deconstruction in a Nutshell*. Ed. John D. Caputo. New York: Fordham UP.

Critchely, Simons (1999). *Eethics-Politics-Subjectivity: Essays on Derrida, Levinas and Contemporary French Thought*. London: Verso.

Derrida, Jacques (1999). *Adieu: To Emmanuel Levinas*. Trans. Pascale-Anne Brault and Michael Naas. California: Stanford UP.

Derrida, Jacques（2004）。〈訪談代序〉。《書寫與差異》。張寧譯。香港：國立編譯館。頁7-31。

Derrida, Jacques（2004）。〈我正和我自己作戰： 德希達的最後談話〉。杜小眞譯。《當代》，207，頁62-67。

第一章　暴力、法律與正義

一、　暴力與權力系譜學

> 語言形塑成一種體系時所依存的原始暴
> 力永遠銘刻於差異（difference），分類
> （classifying）及稱呼（vocative）中
> （Derrida, 1976: 112）。

　　國家主權的理性為了其國族建構工程，除了總
是以「國家安全」、「正義」、「文明」、「進步」或
「更好的明天」之名，正當化表面軍事武力的有形暴
力外，其底層更蘊藏著文化、經濟、語言、宗教、
政治、思想等細膩無形的暴力侵犯。英法在十九世

紀對世界各國全面性的帝國主義侵略與二十一世紀
美國此次攻打伊拉克，均是國族建構工程的戰爭及
國家主權的理性有形暴力的例證；而薩依德
（Edward W. Said）等文化評論家所批判在（新自由
主義引領的）全球化霸權大傘下，仍積極運作的文
化帝國主義，則是無形暴力彷彿水銀瀉地般侵入我
們日常生活的例證。而這些「自我」對「他者」有
形或無形的暴力，常有合法（法律）及合理（正義）
的運作目的與手段。「暴力」、「法律」及「正義」
在德希達所謂的形而下「暴力經濟」（the economy
of violence）中轇轕纏結的共生關係，及其形而上的
交錯屬性，已成為後現代哲學與文化研究中方興未
艾的議題。

　　「暴力」就英文字violence的字源學而言，最接
近此字的字源為古法文violence及拉丁文violentia
——指的是熱烈（vehemence）、狂熱（impetuosi-
ty）。亦可追溯最早字源為拉丁文vis——指的是意志
力或力量。從十三世紀起，「暴力」即具有「物質
武力」的意涵。威廉斯（Raymond Williams）在
《關鍵字：文化與社會的詞彙》（*Keywords: A*

Vocabulary of Culture and Society）一書中對「暴力」
有較新的定義：

> 「暴力」已成為一個具有複雜涵義的
> 字。它的主要意涵是指對身體的直接攻
> 擊，例如「暴力搶劫」（robbery with
> violence）。然而，「暴力」也具有一些
> 不易被定義的廣泛用法。若將「身體的
> 直接攻擊」視為「暴力」的第一種意
> 涵，則可將使用「物質的武力」（physi-
> cal force）視為一個清楚且普遍的第二
> 種意涵，其中包含了在遠距離處使用的
> 武器與炸彈。但是，這兩種意涵似乎只
> 侷限於「未經許可」（unauthorized）的
> 用法，亦即恐怖攻擊式暴力，而未涵蓋
> 正當的軍隊武力——在軍隊裡「武力」
> 是被接受的，且大多數的作戰行動與備
> 戰行為均被描述為「防衛」，亦未包涵
> 其他類似合法暴力的意涵，例如「監禁」
> （putting under restraint）、「恢復秩序」

（restoring order），以及「警察暴力」（police violence）。除了第一、二種意涵外，暴力還有較簡單的第三種意涵，例如「電視暴力」（violence on television），即是報導肢體暴力的事件，更可以延伸到對這些肢體暴力事件做戲劇性的描述。然而，最難區分的用法是第四種意涵（暴力視為一種威脅）及第五種意涵（暴力作為難以駕馭的行為）。當威脅的內容是一種肢體暴力時，第四種意涵即相當清楚，但倘若它是一項實際及可能立即會發生的暴力時，它就成為第五種意涵──難以駕馭控制的行為。所謂「學生暴力」的現象即同時包含了第一、二、四及五項暴力的意涵。職是，「暴力」這兩字所涵蓋情感強度（emotional power）是相當複雜且極易令人混淆（Williams, 1983: 278）。

當代檢視並揭露西方歷史中，身體「暴力」

（brutal force）與「法律」及「正義」之間的權力關係，最著名的作品，應是傅柯（Michel Foucault）的《規訓與懲罰》（*Discipline and Punish*）。此書一開始即以一七五七年三月二日，達米安（Damiens）謀刺國王事件，被判處在巴黎教堂大門前公開認罪的各種殘暴酷刑為例，來說明君主如何以法律暴力來鞏固其君權：「他（達米安）將『乘坐囚車，身穿襯衫，手持兩磅重的蠟炬』，『被送到格列夫廣場（the Place de Gréve）。那裡架起行刑臺，用燒紅的鐵鉗撕開他的胸膛和四肢的肉，用硫磺燒他持著弒君凶器的右手，將融化的鉛、沸滾的松香、蠟和硫磺澆入撕裂的傷口，然後用四馬分肢，再焚屍揚灰』」（Foucault, 1979: 3）。傅柯也引用《阿姆斯特丹報》對此酷刑的描述：「最後，他被肢解為四部分。這道刑花了很長時間，因為役馬不習慣硬拽，於是改用六匹馬代替四匹馬。但是仍然不行，於是鞭打役馬，以便拉斷他的大腿、撕裂筋肉、扯斷關節……」（Foucault, 1979: 3）。血淋淋的暴力歷史描述，驚世駭俗，令習慣於人權思想與民主法制的現代人難以想像。但是這些殘暴酷刑的暴力均是被法律所允許

的，並且擁有當時民眾所相信及接受的「眞理」（例
如君權神授）加以背書。傅柯進一步指出，「眞理
及權力關係始終是一切懲罰機制的核心」（Foucault,
1979: 55），「暴力」變成在歷史上任何主政者展示
其「眞理」的神聖儀式與維繫其「權力」的必要手
段。

　　傅柯在此書中描繪出三種懲罰圖形：(1)古典時
期（classical age）——君主制憲，以追求君權神授
的封建制度正義之名，將暴力施加在囚犯身上的各
式野蠻酷刑（砍頭、焚刑、絞刑、鞭刑、斷手、割
舌、拷打、苦役等）及聚眾展示酷刑的方式，作爲
維護君權神授的治理技術；(2)法國大革命後（late
18th century）——早期人道主義改革者以追求社會
及經濟的正義之名，推行監獄的監禁技術，取代古
代對身體酷刑技術的暴力，並開始將治理暴力論述
化（法律條文化）；(3)現代（modern age）——人
權當道，執政黨以追求人道正義之名，精緻化、普
遍化、科技化、規範化、論述化規訓權力技術的體
現及監獄的監督（如邊沁設計的圓型監獄）。傅柯鮮
活地揭露出一部西方治理術（governmentality）[1]的

權力系譜史，一部司法正義下的暴力史。傅柯認為懲罰和規訓不僅是一組論述化暴力的壓抑機制，更具有相當複雜的社會功能。監獄的誕生及其發展的文化與暴力，揭示出一種特殊權力的技藝發展，其各時代規範的懲罰既是司法正義的，也是權力政治的。

我們可以看出，雖然近代刑罰已盡力減少對身體的暴力，使囚犯的苦痛降低，可是「不管是否有苦痛，司法正義仍對身體緊追不捨」（Justice pursues the body beyond all possible pain）（Foucault, 1979: 34）。事實上，這僅是管理者治理術的精緻化與規訓的隱微化：當代的民主政府（無論任何政黨執政）常以司法改革者自詡，但在落實改革的過程中，卻總以極其隱微又合理的政治權力技術（如各式資源分配、獎勵、處罰、考核、管理科技化、防止罪犯措施等），悄悄地侵入人民的私密領域，剝奪人民的各種權力，並規範人民的人身自由（例如，在台灣的健保晶片卡、SARS事件、檳榔西施取締、監視器普及化、交警的偽裝拍照、大學行政法人化政策、大學新任（助理）教授的六年條款、公務人員的忠

誠查核以及新身分證的指紋建檔等）。總之，傅柯的
《規訓與懲罰》道出西方治理術歷史中暴力、法律、
正義及眞理的權力關係，一部複雜隱密的西方「權
力經濟學」（the economy of power），執政者巧妙運
地用此種權力「秘笈」，理所當然地建造一般民衆習
以爲常的「日常生活」框架。

　　事實上，在現今資本社會中，傅柯所分析的
「權力經濟學」是由「意識型態式國家機器」
（Ideological State Apparatus, ISA）與「壓迫式國家
機器」（the Repressive State Apparatus, RSA）所共同
架構與運作。阿圖塞（Althusser）在〈意識型態與
意識型態式國家機器〉（Ideology and Ideological
State Apparatus）一文中指出，「國家」（state）是
一種隨著資本主義竄起而在近代快速發展出來的政
府機制，因此國家的基本運作常由資本家的生產模
式所決定，並且以保障資本主義的利益爲依歸。翻
開當代右翼（right-wing）民主國家史，我們可以發
現「國家」這概念與資本主義之間擁有共同的疆界
與利益是無庸置疑的。簡言之，「民主」做爲一種
意識型態和政治形式，和資本主義具有犬牙錯纏結的

共生關係：民主機器建構的政治假象讓人們誤以為
眾人皆平等，且共享平等的政治行使權力；然而此
假象內部活生生的事實，卻是民主的政黨政治為維
繫其執政權與執政利益，必須協助掩蓋住資本主義
的許多弊病（如對勞工及消費者的剝削、生態的破
壞及環境的污染等），形塑出一種「官商勾結」的共
生生態（想想，當代有那個國家的民主政黨敢真正
得罪其金主與財團）。阿圖塞認為「意識型態式國家
機器」與「壓迫式國家機器」的功能即在確保國家
境內的人民須遵守國家的法制來規範其自身的行為
舉止，即使這些行為是有違於他們自己的權利與最
佳利益。

　　在此文中，阿圖塞進一步探討資本主義在社會
中是如何不斷進行其自我再造的工程，亦即檢視為
何資本社會並沒有如馬克思所預料，因為政治脫
序、貧富懸殊及階級對立的這些現象，而被共產主
義取代。換言之，他要探討是什麼力量壓抑人民抵
抗的欲望與行動，促使現代人心甘情願地接受資本
主義與民主機器的暴力，每天如希臘神話中西西弗
斯（Sisyphus）般重複地辛苦工作，而非思考尋找新

的政經體制，來解決當今民主機制與資本主義的許
多弊病。他認為這是因為國家可以任意操縱體制內
的大量軍隊，警察、司法及監獄制度，而這些「壓
迫式國家組織」的人員與制度足以平息國家內許多
紛端、示威或抵抗。這種機器（RSA）讓掌控國家
的治理者或政黨可以運用許多「合法」的暴力與手
段來控制群眾，以落實治理階級及族群的集體利
益。

　　然而，一旦「壓迫式國家機器」開始運行，它
是又如何維護此運作的合法性與持續性呢？阿圖塞
認為國家必須配合「意識型態式國家機器」（ISA），
來協助「壓迫式國家機器」鞏固其權威。「意識型
態式國家機器」是由教會組織，教育體制，家庭，
法律制度，經濟結構，大眾傳播與文化組織等類似
機構所組成。這些國家機器均以「微觀政治」
（micro-politics）來進行意識型態的建造與規範，而
非以身體酷刑技術的暴力來進行直接壓迫式的限制
或迫害。亦即，國家規範人們日常行為並不是以
「壓迫式國家機器」的有形暴力強迫民眾就範，而是
要求民眾遵從國家主權理性的「象徵制序」（sym-

bolic order）來扮演各自的角色。而這正是阿圖塞所謂「意識型態式國家機器」（ISA）發揮其「控制人民主體性」的效果。這種生活化及脈絡化的組織即是協助資本主義當代的再造工程，讓那些願意臣服其下的民眾，進入此全球化資本主義共犯體制，擴大其運行的範圍與尺度。如同傅柯在《臨床醫學的誕生》認為醫生對病人的注視是權力施展的呈現，因此「觀看者的凝視既是主宰者的凝視」（Foucault, 1973: 39）。他的師父阿圖塞也指出國家機器生產的「意識形態」是一種內在化的凝視，藉由「身體的控制」（body-snatching）和「召喚」（interpellation），迎合執政階級的利益，進而「召喚個體成為特定的主體」（Althusser, 1971: 62）。

　　因此，在民主社會中此兩種國家機器的結合，可以使政府規範人民的範圍細微到如傅柯指出的個人私密場域與行為，也可以擴展到對大型示威活動與革命活動的控制。阿圖塞的論點對當代暴力的合法性與運作功能的確具有啟發性。他強調對執政者而言，這兩種國家機器（RSA與ISA）之間的差異只是強調的重點與程序不同而已。前者先訴諸武力，

再以意識型態平撫及控制，而後者採取手段的順序
與前者相反（Althusser, 1971: 145）。事實上，目前
此兩種國家機器不斷的交錯並用，突顯出治理術的
精緻化與規訓的隱微化：當代的民主政府（無論任
何政黨執政）常以司法改革者自詡，但在落實改革
的過程中，卻總以極其隱微又合理的政治權力技術
（如各式資源分配、獎勵、處罰、考核、管理科技
化、防止罪犯措施等），悄悄地侵入人民的私密領
域，剝奪人民的各種權力，並規範人民的人身自
由。例如，在台灣，兩種國家機器政治權力技術的
例子已逐漸呈現「見怪不怪」境界，其犖犖大端者
如：建保晶片卡、SARS事件（自我及相互監控）、
農會改革事件、檳榔西施取締（拍照寄給父母嚴加
管教）、迫害同性戀事件、監視器普及化、交警的偽
裝拍照、大學行政法人化政策、公務人員的忠誠查
核、全民指紋建檔、大財團不斷減免稅而小百姓卻
萬萬稅等（令人憂心的是政府的治理術不斷「進
化」，反觀人民的反制力卻不斷「退化」）。阿圖塞與
傅柯均強調權力論述和暴力壓制的社會機制，但阿
圖塞與傅科差別的地方在於，前者認為在資本主義

的再造工程中，權力和意識型態之間仍然有所區隔，並非全然相等。

　　有別於傅柯與阿圖塞的權力角度及歷史分析，德希達對「暴力」多元、精闢的詮釋，較側重暴力的本質探討，超脫「身體暴力」的論述框架，以不同的姿態，「播散」於許多著作中。例如，《論文字學》（*Of Grammatology*）一書＜文字暴力：從李維斯陀到盧梭＞的章節中，德希達試著以「元書寫」（arche-writing）的概念檢視何謂語言的「暴力系譜學」。他認為李維斯陀（Claude Lévi-strauss）以二元方式，探討書寫形式中的暴力，和盧梭（Rousseau）一樣，還是脫離不了結構主義框架。他指出在「分類」及「定義」事物範圍內的書寫都是一種暴力的呈現，也都是一種反「延異」（différance）結構的書寫經濟，一種「有限經濟」（limited economy）的整體架構。因此，德希達認為李維斯陀的人類學無法呈現書寫結構底蘊中最原始的暴力。為了彰顯出書寫本質中多元暴力結構，他指出書寫暴力現象應是一種三層結構（tertiary structure）。

　　第一層稱為「元暴力」（arche-violence）：一種

語言（不管是書寫或語音）系統內先驗性差異所產生最原始的暴力。德希達說：「語言形塑成一種體系時所依存的原始暴力永遠銘刻於差異（difference），分類（classifying）及稱呼（vocative）中」(Derrida, 1976: 112)。第二層暴力稱之為「整體暴力」(totalizing violence)，是語言系統中一種試圖組織及同化第一種先驗性差異暴力的暴力。簡單地說，就是語法結構的規則制定（例如，英語有八大詞類、五大句型及各式時態等語法規則）。第三層則為「抗拒暴力」(resisting violence)，一種被排除與被壓抑者回歸的力量，存在於語言的規範系統內（例如：文學修辭中的矛盾、隱喻、雙關語及意識流式的書寫等）不斷干擾及抗拒語言的「整體暴力」。事實上，任何語言系統的形塑與呈現過程均是這三種暴力交互組成的無止盡暴力，此種暴力循環現象即是德希達所謂的「暴力的經濟」(economy of violence)，這個現象在稍後的章節中會再加以詳述。

　　然而，德希達作品中以倫理學及政治的角度，有系統並細膩地分析暴力本質，應是其兩篇著名的文章：＜暴力與形而上學＞（Violence and

Metaphysics）[2]和＜法律的力量＞（Force of Law）。
本章的主要目的是藉由以上兩篇文章爲主軸,來探
討暴力、法律與正義之間無法化約的解構關係,以
及解構性正義的邏輯困境。

二、暴力與形而上學

> 以最簡要的方式來說,施加於任一個
> 「自由存有」（a free being） 身上的暴
> 力,即是戰爭（Levines, 1993: 19）。

《金剛經》之結語偈云:「一切有爲法,如夢幻
泡影,如露亦如電,應做如是觀」。想想,「無常」
非常反諷地竟是人世間唯一的「恆常」,任何現象均
是一種「變」的現象,如夢幻泡影,如露亦如電,
但也是一種「成爲」（to be） 某種「意義」的轉變過
程。德希達說:「任何呈現在意識中,及任何爲意
識而存在的事物都有意義。意義即現象的現象性」
（Meaning is the phenomenality of the phenomenon）

（Derrida, 1981: 30）。對德希達而言，在意識中「成為」某種意義的現象，可說是一種形而上暴力的細膩本質，一種先驗性的存在，它永遠在人類所意識到的任何現象中不斷地「再現」與「延異」，因為此種暴力本質上來自意義的底層結構——即意義的對立性。從主體進入意義與非意義底層的二元結構，甚至是從海德格（Heidegger）式「此在」（Dasein）進入「主體」與「客體」（或「自我」與「他者」）的分裂世界中，暴力就無所不在。

　　換言之，「成為」（to be）某種意義的現象是主體以暴力的方式，滿足一種對海市蜃樓般不在場整體的追尋。因為，「成為」表面上意謂著新意義的建構，但同時也意謂著必須壓抑、遺忘、消除、同化許多無法成為「成為」的「非成為」，一種有限經濟（limited economy）整體霸權對其他可能意義存在的排除過程。因此「成為」是一種抽象的先驗性暴力，一種「在場」的無盡欲望，一種對「蹤跡」的消除，一種對「他者」的壓迫。從形而上學來看，此先驗性暴力是人世間「無常」現象的動力源頭，甚至可以被視為「一切有為法」，或任何人類知

識（如哲學、法律、政治、科學、藝術、歷史、文化、宗教、政治與語言等），建構「成為」一套意義整體前的先決條件。

　　讓我們先來看看德希達在〈暴力與形而上學〉一文中，如何解析並質疑列維納斯所提出的形而上暴力與倫理。他指出列維納斯認為暴力的形而上特性是一種源於經驗式「認知理智」或「邏各斯中心主義」（logocentrism）的力量。對列維納斯而言，西方哲學〔整個定義「存有」或「主體」為「在場」（presence）的本體論傳統〕從巴門尼第斯（Parmenides）到海德格都是一種將他者簡約化成和「自我」（the self）相同觀點的過程，在此種本體論傳統中「他者」有如飲料或食物般逐一被吸吮、咀嚼、吞沒及消化成「自我」維持生存整體的一種能量來源。

　　事實上，西方本體論傳統即是人類知識史上一種「自我」的暴力產物。這就是為什麼列維納斯在《整體與無盡》（*Totality and Infinity*）與《別於存在：或超越本質》（*Otherwise Than Being: Or Beyond Essence*）中不斷駁斥海德格的本體論，進而指出猶

太教的法典《塔木德經》（*Talmud*）及胡賽爾
（Husserl）的「純我」（pure I）等所隱含的絕對他者
性。以倫理之名提出他所謂的第一哲學（或他者哲
學），更精確的說，此哲學是一種倫理的倫理（the
ethics of ethics），一種世間各種倫理規則底層規範自
我／他者關係的倫理。但，何謂西方倫理學？它與
列維納斯的他者哲學又有何差異？讓我先簡要地介
紹什麼是西方的倫理學。

　　廣義地，倫理學是研究推己及人的社會規範，
或是非善惡判斷價值體系的學問，包括倫理價值、
倫理標準、倫理歷史、倫理神學、美德行為、良心
現象等。在神學院中倫理學的名稱叫Moralis，此字
源自拉丁文的Mores，原是風俗習慣之義，一種待人
接物的習俗形塑為社會的規範，也成為人們內化的
主流論述與意識，用以規範每一個主體在群體中的
思言與行為，以降低人類的「動物性」並增進天賦
的「神性」（divinity），一種傅柯式論述的規訓。因
此，我們可以說，倫理觀或美德式的道德是人類進
化的歷史中，促使人類逐漸從本能性「求生」的野
蠻人層次，轉化為孔孟所謂「求仁」的文明人或西

哲所謂「倫理人」（homo ethicus）的層次。

　　狹義地，倫理學是指倫理或道德哲學，研究什麼是倫理現象的本質，例如「是非」、「對錯」、「善惡」、「公平」與「正義」等倫理概念的本質，探索倫理標準與意識如何被形塑，解釋道德的善與義務等問題，如社會功利主義（Social Eudaemonism）、描述倫理學（Descriptive Ethics）、目的論倫理學（Telelogical Ethics）及神學倫理學（Theological Ethics）等論述。柏拉圖（Plato）受蘇格拉底（Socrates）的啓發，首先在《理想國》提出並定義「正義」的概念，作爲其哲學家所治理的「理想國」中法律的基礎，使希臘文化的「正義」觀成爲西洋最早期的倫理思想。

　　然而，倫理在希臘、日耳曼的傳統中若不是被視爲哲學的分支（甚至康德也將倫理歸於形而上學中），就是被視爲如海德格在《存有與時間》（*Being and Time*）中所謂的一種與「被忽略的存有」（a neglected Being）的關係（Heidegger, 1962: 44）。海德格的《存有與時間》首要任務即在推翻整個西方本體論哲學的傳統（The task of destroying history of ontology）（Heidegger, 1962: 41- 49），以徹底重新檢視「存有」的問題。他認為，蘇格拉底、笛卡爾（Descartes）及黑格爾（Hegel）並沒有將倫理從思考「自我」本身利益中分別出來。雖然海德格提出傳統本體論中被遺忘的「他者」，但在整體論述運作過程中，他所強調的「此在」（Dasein）也具有將他者同質化的暴力傾向——化約所有「他者」可能的「他異性」成為屬於「存有」死亡前的「未來性」。列維納斯批判海德格「存有」式倫理而提出「他者」式倫理：「任何自我客觀的原始經驗本身均預先假設他者經驗的存在，就如同「無盡」的概念是超越笛卡爾主體思想的他者存在現象，也凌越自我的權利與自由的範圍。他者與自我的失衡即是道德意識的來源。道德意識並不是價值的經驗，而是對自我與他者之間平衡關係的追求」（Heidegger, 1962: 293）。

　　因此對列維納斯而言，倫理是「自我」與「他者」之間一種先驗性及絕對性的不對稱關係（absolute asymmetrical relation）。而絕對「他者」藉著其「臉龐」（face）來呈現不同面貌，而此多樣

「面貌」本身僅是臉龐的「蹤跡」(itself a trace of the face)，因此「自我」永遠無法以化約的暴力來捕捉、觸摸、理解、占有、支配及消化此「臉龐」。他者的「臉龐」更代表著「正義」、「無盡」、「神秘」、「道德呼喚」、「他異性」、「命令」及「接近上帝唯一途徑」等涵義。因此，「自我」與「他者」沒有互相對等的關係，是「異」(the Other)「同」(the Same) 的不能反逆性 (Levinas, 1969: 35-6)。倫理的核心即在於「他者」的激進他異性 (alterity) 對「自我」整體霸權永恆及絕對的干擾關係。列維納斯寫道：「此種激進他異性本身僅在他者進入自我的本體範圍時才會發生。因此它是一種自我與他者關係的起始。然而，此種起始是他者單向及絕對性地進入自我整體，而非相對性的。因此，他異性一詞是永遠他者進入本體的絕對關係」(Levinas, 1969: 36)。

這就是列維納斯最有名的「臉龐」式先驗的倫理關係。在這關係中，絕對他者的「臉龐」要求我們須避免暴力，例如：「汝勿殺」(Thou Shalt Not Kill)。因此，倫理會不斷地干擾共時性「存在」的

整體所產生的暴力，一種對「在場」霸權無盡的「當下」抵抗。列維納斯表示臉龐「再現」絕對他者的存在，不是要以二元對立的方式否定或取代「存有」的整體暴力，而是呼喚我們對暴力所產生的不義現象負起糾正及改善的責任。所以，此種「他者」臉龐的隱現方式是一種先驗性非暴力導向（non-violence oriented）的呈現。他者臉龐總是以一種內在道德的呼喚，要求我們對非正義的暴力負起抵制及預防的責任，而不是來侵犯我們的自由。「他者臉龐的本質是非暴力的，因為臉龐保有對異同共存的多元性。臉龐就是和平（peace）」（Levinas, 1969: 203）。

然而，「以最簡要的方式來說，施加於任一『自由存有』（a free being）身上的暴力，即是戰爭（war），此種戰爭，並非兩物質或意圖的正面衝突，而是一種以突擊或伏擊（ambush）的方式來主宰他者（master the other）的意圖。戰爭即是伏擊」（Levinas, 1993: 19）。此種戰爭破壞了「自我」與「他者」間列維納斯式的先驗性和平，但被伏擊的「他者」也必須隨時迎戰，不斷回擊「自我」主宰他

人的意圖。很明顯地，對列維納斯來說，和平是倫
理關係的最初意圖，但迎接及面對戰爭卻是干擾
「存有」整體及抵制其暴力的必然手段。如果我們一
味拒絕面對他者，反而會讓戰爭的「暴力經濟」惡
化成巨大的「以暴制暴」仇恨，一種惡性的暴力循
環。因此，「自我」與「他者」絕對和平的倫理關
係來自他者臉龐無盡的呼告，同時也是無妥協的命
令。

　　在近八十頁的＜暴力與形而上學＞中，德希達
雖然花了很多篇幅大力引介列維納斯的他者哲學，
但他也質疑列維納斯這種無暴力導向倫理的烏托邦
傾向。他相信如果他者臉龐的意圖是恢復一種絕對
和平的存在狀態，那麼此和平境界須要先有一種無
暴力語言的存在，而這種語言將會是一種沒有動詞
的語言，即沒有述詞（predicative），沒有斷定性的
「成為」（to be）。此種沒有暴力的語言意謂著一種符
號鏈停止運行或意義中止「延異」的話語。絕對倫
理建構的絕對和平意謂著一種無盡沉默的境界。
「但是，既然有限的沉默也是一種暴力的媒介，語言
只能不確定地朝向正義，藉著承認暴力的存在來實

踐暴力」(Derrida, 1978a: 117)。所以，列維納斯式
絕對和平對德希達而言僅存在於絕對沉默的領域
內，一個遙不可及的天堂裡，一個不需任何言語的
原鄉中。有別於列維納斯，德希達主張「暴力經濟」
的必要性：「一種無法被列維納斯非暴力式語言化
約的暴力經濟。如果光（light）是暴力的一種因
素，那麼我們需要藉著其他的光芒去對抗此光明，
這樣一來才可以避免最惡劣暴力（獨霸式整體暴力）
的形成」(Derrida, 1978a: 117)。

　　對德希達而言，任何論述只能藉由不斷「否定」
來「肯定」自身暴力的必要性。哲學作為「自我」
的論述只能不停地質疑自身來開放自己，以達到肯
定自我的目的。它是一種永遠自身循環流動的經
濟：「以暴制暴，以光對光」(violence against vio-
lence, light against light)(Derrida, 1978a: 117)。
「我們永遠無法逃避暴力式戰爭的經濟」(Derrida,
1978a: 148)。換言之，如果形而上學是列維納斯所
言一種「同化」的暴力，我們就必須用另外一種暴
力來對抗這個暴力，一種如革命性的抵抗暴力來對
抗一種霸權性的結構暴力。它是一個無止境的循環

過程，一種如同語言三層暴力的生態結構——暴力
相互制約的必然性成為一種必要邪惡，以遏止「主
體」或「自我」權力的無限上綱。

　　因此，對德希達而言，如果列維納斯對西方哲
學本體論暴力的批評是對的話，那麼他自己的論述
也將失去其正當性。換言之，難道列維納斯對哲學
本身的批評，不也無法避免使用同化性的本體語言
來呈現其「他者」哲學嗎？他用來攻擊別人的問題
不也同時解構了自身的火力（Derrida, 1978a:
131）？因此，德希達宣稱每個哲學思想包括列維納
斯的倫理哲學「都只能選擇在暴力經濟中相對較輕
的暴力」（Derrida, 1978a: 313），而無法完全脫離此
暴力經濟。然而，柏那思果尼（Robert Bernasconi）
及奎齊利（Simon Critchley）提醒了我們，若將＜暴
力與形而上學＞視為對列維納斯「他者哲學」的全
然負面批評，則是誤讀了德希達對列維納斯「他者
哲學」所作的解構性閱讀（Bernasconi & Critchley,
1991: xii）。〈暴力與形而上學〉呈現出一種深層雙
向的解構對話：它「一方面顯示出要逃離邏各斯框
架的不可能性，另外一方面卻又找不到希臘邏各斯

傳統的整體性」（Bernasconi & Critchley,1991: xii）。
德希達的解構性閱讀讓此兩個不可能性得以交錯，
創造出另外的可能性，進而呈現出列維納斯「他者
哲學」更深層意義的可能性。

　　列維納斯的第二本經典代表作《別於存在：或
超越本質》被視為是他對德希達解構閱讀的間接回
應。在《整體與無盡》一書中，列維納斯試著闡釋
他心中「自我」與「他者」倫理關係的他者哲學。
顯然地，德希達對此書（及其他早期作品）合理的
質疑，讓列維納斯有機會檢視早期思想自身的侷
限，並更深層的去探尋及開發更豐富及細緻的「他
者哲學」。他仍主張「反對本體論化約暴力的哲學思
想，讓本體多元的自主性（他異性）成為其本身的
最高原則」（Levinas, 1990: 294）。但他若仍僅用本
體化的語言去描述一個「未知」、「陌生」及「無法
被捕捉」的他者，會又陷入海德格式、黑格爾式，
甚至康德式的「獨斷形而上學」，於是列維納斯在
《別於存在》中，先藉由對語言本質中正義與不正義
屬性的區別，進一步地討論「自我」與「他者」的
不可化約關係如何在語言無盡意義的「延異」中呈

現。

　　職是，他提出「語言現象」中「已說」（the Said）、「言說」（the Saying）與「未說」（the Unsaid）之間複雜與交錯關係的探討，尤其是哲學建構過程中「言說」多元及急迫特性的必要性，以及它如何不斷地干擾「已說」的本質性霸權，來救贖哲學自身被壓迫的「未說」。列維納斯視德希達提倡的解構性閱讀策略為一個絕對的倫理「言說」，它的使命也如同「他者哲學」一般，須不斷挑戰「已說」哲學視為理所當然的「宏偉敘述」（grand narrative）。除此之外，在《困難的自由》（*Difficult Freedom*）一書中，列維納斯承認他者哲學的確存有德希達式暴力經濟並有其必要性。列維納斯寫道：「以強迫方式將他者置入相同的整體框架內時，不可能不去使用暴力、戰爭或官僚體制的手段」（Levinas, 1990: 294）。

　　然而，列維納斯不接受德希達暴力經濟之外無他物的想法（這應是德希達與列維納斯哲學立場的最大差別）。他相信在本質之上（beyond essence）及「暴力經濟」之外，有一個「別於存有」（otherwise than Being）的、無暴力的及永久和平的境界存在。列維納斯在〈全然的他異〉（"Wholly Otherwise"）（列維納斯唯一一篇獻給德希達及為解構主義而寫的文章）中寫道：「我們走在一個沒有人的領域，一個中間地帶……在此一地帶裡無法確定性（彷彿鬼火般）到處閃耀著。將真理懸掛於高空中！奇異的年代啊！」（Levinas, 1990: 3）。然而，他指出在這表面上由無法確定性所主宰的廢墟當中，哲學本體論的基礎實質上卻依然完好如初，因為如同德希達所言，所有對「存有」在場性（如理智）的批評本身也使用了在場性的動詞來批判它要批判的目標。亦即，我們無法不使用語言來批評語言主宰的任何真理。「試圖要動搖真理基石的論述雖然反對自身不辯自明的在場經驗，但這種批評似乎反而提供了（邏各斯）在場性一個最終的庇護」（offer an ultimate refuge to presence）（Levnias, 1991: 5）。

　　在西方形而上本體論歷史中，我們可以看到在「他者」的纏繞與干擾下「理智」藉由「言說」的倫理性及政治性不斷質疑自身「已說」的整體。但從

許多懷疑論者的熱切討論中，我們更可以窺見「已說」和「未說」之間在歷史潮流演進中有著無法被縫合的裂縫，在裂縫中不斷產生新的「言說」本體哲學，並將「已說」的真理懸掛於空中。因此，晚期的列維納斯不但持續火力批評檯面上「自我」與「他者」的暴力及不正義性，更試圖以語言的倫理本質來處理檯面下「強勢」他者與「弱勢」他者的暴力與不義。

換言之，「未說」的他者自身並非另一整體的「相同」，而是一種差異的多數並存，因此奪得正義之劍來屠龍（已說）的「強勢」他者，必先悄悄地（甚至正大光明地）排擠及壓迫其他多數「弱勢」他者，以防止他們強先進入「言說」場域的可能，如此他（們）方可取得一個拉岡（Jacques Lacan）所謂的「言說主體」（subject of enunciating）的位置，來挑戰「已說」的整體霸權。職是，為了解構「自我」壓迫性階級的不義，「言說」他者必須先「策略性」產生差異他者自身內在壓迫性階級的不義。但此「必要邪惡」的解構手段，不但削弱了「言說」的正當性，更揭露了解構式正義的「邏輯困境」

（aporia）（此解構困境將於下一節中再進一步詳細討論）。德希達與列維納斯思想的對話與相互激盪，產生了深邃及交錯的現象，即是他們「他者哲學」真正的洞見所在。

　　對筆者而言，列維納斯及德希達的論述仍有他們各自必然的盲點，兩者皆未（也不可能）到達真理的大門，一種只能看清楚他人的盲點的論述，而無法看見自身問題的盲點的論述。德曼（Paul de Man）在探討修辭批判性語言時說道：「他們的語言之所以能在黑暗中摸索出一定程度的洞見，是因為他們的方法乃保持黑暗中的語法論述。任何洞見的存在，一定是因為讀者尋獲到一個特別的位置，來觀察別人的盲點，但此位置仍然有其自身的盲點」（de Man, 1971: 106）。雖然來自「他者」微弱閃爍的洞見光芒，干擾盲點黑暗的寧靜，然而這個洞悉的干擾使「自我」得以反省自身的論述侷限，此想法和列維納斯自我與他者的倫理關係一致。

　　德曼也發現「盲點的必要性與文學修辭的本質相呼應」（blindness to be the necessary correlative of the rhetorical nature of literary language）（de Man,

1971: 141）。然而，我們必須精確地意識到應用在形而上學時，語言盲點與洞見彼此間不斷替補的倫理現象，是建築在「未說」他者群間非倫理及不正義的隱性暴力現象之上。換言之，正因為「弱勢」他者的存在（可被理解為洞見自身的盲點），使得「強勢」他者（洞見）得以對「自我」的不正義及暴力（先前的盲點）挑戰。所以，我們可以說任何解構性倫理的洞見就像一條「破折號」，永遠僅能連接兩端不同的暴力，而突顯出解構的絕對「和平」沒有一條「破折號」可以連接到上帝「應許」無暴力性倫理的兩難及正當性的問題。

　　這大概就是解構性正義「邏輯困境」。任何解構性閱讀的「暴力經濟」（以拯救「未說」的正義之名，選擇一個比較輕的暴力來抗拒「已說」的暴力），總是事先預告其他「來臨式」解構閱讀挑戰的必然性。所以，「自我」拒絕和「他者」正面接觸，也許是因為無法看到自己的盲點，而讓暴力永遠有機可乘，也因此永遠無法關閉「暴力經濟」機制的動力引擎。接下來，藉由介紹及分析德希達的〈法律的力量：威權的神秘基砥〉一文，我們將進

一步探討下列幾項問題：法律如何藉由合法的暴力來鞏固其威權的神秘基砥？班雅明（Walter Benjamin）如何批判法律的暴力？什麼是德希達所定義的「邏輯困境」？什麼又是正義（與法律）的「邏輯困境」？德希達的解構性倫理必定是倫理的嗎？一位解構者（如德希達）可以修補多少被遺留下來的暴力傷害呢？德希達如何解決解構性正義的「邏輯困境」？

三、法律與正義邏輯的困境

> 你喜歡制定法律，然而你也喜歡破壞法律。就像在海灘嬉戲的孩子總喜歡一同築起沙堡，並在歡笑中將它摧毀。當你築起沙堡時，海浪又帶來更多的沙子來到沙灘上，當你摧毀他們的時候，海浪也伴隨你嬉笑（Gibran, 1994: 58）。

雖然在＜暴力與形而上學＞德希達已經探討

「倫理」的議題，但此文對暴力的分析以及對形而上倫理的討論，仍被視爲脫離不了後結構主義文本化、哲學化、形式化或符號化泥淖的論述。事實上，早期德希達的解構論述通常因爲缺乏正面、直接與具體對社會的政治分析與實質功能而倍受攻擊。然而晚期德希達開始對此批評有直接的回應及具體的行動。在維持其一貫解構的精神（對在場霸權的挑戰及不可能事物的追尋）下，他已從自己一向情有獨鍾的主題（語言與哲學思想）轉向倫理性與政治性實質問題的探討，將文本意義的「延異」特性嫁接到倫理政治結構中「救世主主義」的核心議題——正義。德希達說：「如果眞有正義的話，它是存在於法律之上，並且是無法被解構的。如果正義存在的話，它應具有解構的精神。解構就是正義」（Derrida, 1992: 14-15）。

　　德希達眼中的正義促使他將法律詮釋成普遍性，而視正義爲單一獨特性。他把法律範圍預設爲規則、條文和一般命令所涵蓋較全體的層面，而將正義連結到個體以及個體各自生活和情境的獨特性。因此，法律是爲符合全體國民需求而規劃及制

定，它作用於可確定、可估量、可實踐及可預期的
範疇內。但，正義給予我們的是一連串不可能的要
求：要求我們的法律必須服從「他者」他異性的無
盡訴求，並要求我們必須在道德決定所要求的完美
性中做決定。正義的解構屬性不斷要求我們要估量
無法估量的，決定無法完美決定的，實踐無法完全
實踐的。職是之故，他認為人世間唯一無法被解構
的就是正義，它永遠是一個如救世主般來臨的絕對
他者。他者的單一性來自絕對與無法預期的來臨正
義（Derrida, 1994b: 28）。被德希達賦予鬼魅般纏繞
形象的正義，帶領晚期解構主義走向微觀倫理及形
而下政治的場域，一個後解構的政治時代。

　　晚期的德希達一再強調，解構性正義永遠無法
被任何世間法律的形式所捕抓及呈現，因為它絕對
不僅是為了糾正某項歷史錯誤，或是抵抗某種認識
論的暴力而存在，它代表了正義的一種「普遍性」。
易言之，就如同史實本身永遠無法完整地被政治
化、客觀化、直線化、僵硬化、框架化而成為史
料、檔案及傳記等文本再現，正義也永遠無法被任
何國家或執政機制，以教條化、制度化、結構化、

中心化語言來轉化爲司法的條文。所以德希達堅稱
解構性正義永遠無法被任何形而下霸權體制化成法
律與道德的規範，因爲「他者」的正義永遠先於世
間法律與倫理等本體的存在；再者，質疑不正義的
要求總是那麼迫切、無法妥協又絕對必要，只有透
過無止盡地「問題化」潛藏於「已說」法律條文中
的非正義，「未說」的他者才得以正義爲名，不斷
開啓與「自我」面對面（face-to-face）對話的契
機。因此，對晚期德希達而言，如何回應他者迫切
的倫理要求，變成是一種後現代的「政治藝術」
（the art of politics）。

　　奎齊利在分析晚期解構主義的政治運作與正當
性時正確地寫道：「解構無盡的倫理要求始於對單
一情境的回應，並依此情境做成一項政治的決定，
是一種回應他者單一要求的藝術。因此，政治本身
可以被視爲回應單一情境下他者要求的藝術（the art
of response to the singular demand of the other），以解
決此情境所浮現的要求，儘管絕對他者無盡的要求
不能簡單地被化約成特定情境下的特定要求，但他
者將不斷呼求政治的創新與再造」（Critchely, 1999:

276）。這即是德希達所謂用「解構無盡的倫理要求」
（infinite ethical demand of deconstruction）作為後現
代「政治藝術」的基石，此要求也促使德希達重新
閱讀班雅明的＜暴力的批評＞（"Critique of
Violence"）一文，並完成其介入形而下實質政治暴
力的文章 —— 〈法律的力量〉。

　　此文展現晚期德希達在其單一情境對他者呼喚
回應的政治藝術，也為《馬克斯幽靈》一書的政治
大躍進作「暖身」的運動。在本文中，德希達主要
藉著班雅明的〈暴力的批判〉，闡述兩個主要的觀
點。第一，解構性正義三種結構的「邏輯困境」。第
二，法律暴力與正義之間無法互相化約的關係。他
清楚地表示，之所以會試圖重新詮釋班雅明的＜暴
力的批評＞，主要是因為此文對西方民主提供了值
得學習的教材。另外，它也提供我們一個對「暴
力」、「法律」與「正義」關係解構性閱讀的可能
（Derrida, 1992: 30）。在＜暴力的批判＞一開始，班
雅明提到：「批判暴力的任務可以被概述為解釋其
本身和法律正義的關係」（Derrida, 1992: 227）。在這
篇文章中，他不但有力地質疑法律與正義的關係，

並揭露將政治暴力不辯自明的各項問題。

　　然而，讓德希達覺得美中不足的是，班雅明訴諸了太多二元對立的概念去建構他的批判。例如，當班雅明提到法律暴力的形式時，他對司法中「法律建制暴力」（law making violence）與「法律維護暴力」（law preserving violence）（Benjamin, 1978: 284）以及自然法（natural law）與實定法（positive law）（Benjamin, 1978: 278）之間的差異，提出批判。所謂「自然法」（natural law）起源於西方理性教派的宗教教義，與生俱來的權利（birthright）的想法，或者是文藝復興時期對於自然尊崇的概念（中國則是道家「天人合一」或者漢代的「天人感應」等觀念），強調人類社會自古以來景仰的價值和倫理信念具有超越時間的特質，是普世而永恆的法則。相對於「自然法」的思想，「實定法」（positive law）則是不同時空下不斷修訂的人為法律，因此其正當性是來自各時代的立法者，而非內在的「真理」性質。

　　「自然法」較保守，強調法律「手段」的合法性必須取決於其「目的」的合法性，因此常反對無限

擴張的科學理性，而「實定法」則較激進，常挑戰
人類傳統的想法或觀念，強調只要法律「手段」是
合法的，其「目的」便具有合法性。但人為的「實
定法」常常必須反映其時空主流的「自然法」論述
（discourse），例如，東西方早期封建制度時代均以
君權神授的「自然法」為其司法正義之泉源，來修
訂其君主封建的「實定法」，強調人類生活的秩序與
倫理原則都與自然和轍和軌，不宜任意或大量更張
修改。班雅明以第一次世界大戰後的德國制定新
「實定法」，讓不同勞動階級有罷工的權力為例，指
出此法仍然脫離不了「目的」與「手段」循環的框
架，並用這個例子試圖解釋法律建制過程中「目的」
（the end）即「手段」（the means）的暴力角色
（Benjamin, 1978: 278）。

　　事實上，世界各國在其朝代更替的歷史中，新
朝代的興起均必須仰賴新的法律來穩固其威權，而
此新律法的制定又均必須先以暴力的手段推翻前一
朝代及其律法；因此，當戰爭一結束時，勝者為王
而敗者為寇，戰勝者立即向世人宣告「和平」的來
臨，並制定新的法律規範來「維護」此一「和平」

的承諾。而國與國之間的吞併、分裂或自身的獨
立，更需要暴力來制定新的法律來正當化新政體以
「和平」為由的執政威權。例如，美國是當代國際間
高喊「民主法制」與「人權至上」分貝最高的國
家，常以「國際警察」之姿，捍衛人權並維護世界
的和平。然而，反諷的是，其國家「法制」與「人
權」的雙手卻早已沾滿暴力的血腥：當一七七六年
美國政治家們決定要脫離英國君主統治時（目的），
即以國家主權理性的兩手暴力策略（手段）建立其
「法制」與「人權」的正當性。

　　亦即，我們可以說美國政治家一方面用右手撰
寫一篇洋洋灑灑闡述民主人權，批判君主暴政的
「獨立宣言」，揭櫫其遠大的建國理想及治國精神
（建構一個當時嶄新的「自然法」），以合法化其武力
抵抗君主暴政及民主建國的目的；另一方面，卻用
左手持續製造及購買當時「現代化」的槍械大炮，
大規模建軍，以殘暴的方式迫害無以計數的各地印
地安原住民，並搶奪了他們的土地與家園，再自己
制訂違反人權的法律條約，在冷冽的多天逼迫印地
安人從原先居住的阿拉巴馬、喬治亞及田納西州，

遷移至奧克拉荷馬州東部的「保護區」。「此夢魘般遷移的旅途共持續了五個月，當軍事驅趕的行動結束時，約有四千名印地安人（即四分之一的Cherokee族）死在路途中」（O' Callaghan, 1990: 38），其中一條最著名的路程為當年Cherokee族含淚跋涉的路途，現在被稱為「淚之路」（The Trail of Tears）。

　　尼采（Neitzsche）說得好：「如果要建立起一座神殿，首先必須先徹底摧毀另一座神殿：這就是法律——告訴我有任何例外的例子嗎？！」（In order for a shrine to be set up, another shrine must be broken into pieces: that is the law—show me the case where it is not so!）（Neitzsche, 1996: 75）。因此，班雅明指出執政者總是以「和平」之名，行「暴力」之實，並常試圖遮掩或遺忘其法律的「起源」－將「先徹底摧毀另一座神殿」的暴力本質一併披上兩件「國王的新衣」：「和平」的宣告與「正義」的維護。

　　班雅明使用「幽靈性混合」（spectral mixture）一詞，進一步批評光鮮亮麗的和平與正義外衣內裏

著上述兩種暴力形式（「法律建制」與「法律維護」
的暴力）。這兩種形式的混合型暴力現今仍存在於任
何的執政機構中——警察制度（Benjamin, 1978:
286）。班雅明指出我們之所以不易察覺到警察制度
的暴力本質，是因爲在於整個制度裡頭，「法律制
定」與「法律維護」這兩種不同的行爲產生交互纏
繞的鬼魅現象，而執政當局又總盡力掩飾法律制定
與維護暴力之間的差異。「倘若前者（法律制定）
想在戰爭勝利中正當化自身的價值，後者（法律維
護）則須謹守且不可重新設定新目的。而警察制度
則從這兩種狀態中解放出來，它既是屬於創制法律
的暴力－因爲它的特色不在宣揚法令而是在肯定及
宣稱各類頒令的合法性－同時也是屬於法律維護的
暴力，因爲它的行動有合法性的目的（司法正義）
爲權威基砥」（Benjamin, 1978: 286-87）。傅柯在
《規訓與懲罰》中也赤裸裸地揭示各時代執政者如何
以殘暴酷刑、公眾羞辱、長期監禁、沉重勞役、身
體監視等暴力手段來維護其「實定法」的權威，並
以「法律制定」的合法性（自然法）包裹「法律制
定」與「法律維護」兩種「幽靈性混合」暴力的鬼

魅現象。

　　基本上，德希達認同班雅明堅持建制與維護法律暴力的分野，因為如果這兩者如鬼魅般形影不離的話，那麼我們則無法察覺隱藏於司法正義背後隱藏的暴力，而以為法律的建制與維護均是正義的再現，忘記任何法律自身均有其暴力的起源與性格。例如，警察在以暴力方式執行法令時，常以各種合法的規則來詮釋對其自身或警察制度有利的行為，甚至為了滿足自身對權力的欲望而濫用合法的暴力。因此，執政者常藉由在「暴力經濟」循環（法律「目的」－防止暴力－與法律「手段」－使用暴力不斷幽靈性的混合與連接）中，以司法正義與威權來掩飾自身在場霸權的利益與權力欲望。但德希達認為班雅明法律暴力的二元論使自身陷入自我解構的框架中，因此他提供我們的是一個「前解構式」（pre-deconstructive）對法律暴力的批判。此「前解構」批判為德希達的「解構」批判鋪陳了一條便捷的途徑。

　　法律的目的雖然是維持社會的秩序與和平，避免暴力事件的發生，但反諷地，暴力可說是法律運

作系統的核心。新「實定法」產生的「成為」(to be)
過程，不管是從一般性到特殊性，或從特殊性到一
般性都避免不了暴力。換言之，沒有一個法律的制
定不與正義斷裂，也沒有任何法律的實踐可以跨越
此形而上的斷裂，這個解構的斷裂空白區域存在於
法律制定與執行的當下，正如同我們面對生命中任
何重大及兩難的「決定」(decision-making) 時，必
然陷入一種焦慮的「昏眩」(vertigo) 甚至「瘋狂」
(madness) 的狀態——一種理智突然斷裂而產生空
白的焦慮。德希達藉著「解構是正義」(deconstruc-
tion is justice) 的想法，試圖描繪正義與法律在此種
斷裂中的不穩定關係。相對於正義的非解構性，法
律是可以被解構的。德希達不斷質疑、顛覆並複雜
化正義與法律執政之間不對等的關係，以「顯示文
本、制度、文化、社會與經濟結構激進的不完整性
及正義建制的不可決定性，或分裂延異性」
(Critchley, 1999: 163)。然而我們必須強調的是：解
構性政治除了須質疑法律的暴力本質外，同時也質
疑此「質疑主體」自身（以瞭解自身的侷限與正當
性），一種政治的雙重活動，而非僅是單向形而下性

的政治活動（例如本位式的政黨政治活動）。

　　德希達認為解構性正義必須不斷地將「正義的
非解構性從法律的解構性中獨立出來（例如權威與
合法性）」（Derrida, 1992: 15）。唯有如此，方能使新
的正義在新的時空，從「自我」與「他者」間無法
跨接的鴻溝間（就列維納斯倫理的關係而言）浮現
與實踐。因為，正義永遠佇立於前方，但是法律與
正義之間的距離並不是一個簡單空間上的裂縫，而
是時間本身延異特質永遠是無盡的「等候」與「來
臨」交織的存在。用列維納斯的語言，從正義的無
政府狀態來看，法律和正義的斷裂是歷史性無止盡
的來臨，「存有」的在場性正義至多僅能體驗到一
種「錯誤時代（或過時）的正義」（anachronistic jus-
tice）。因此，正義是不可能之物的經驗。如果正義
是「無盡」（infinity）經驗的體驗（德希達與列維納
斯都這樣認為），那麼如何不斷地將「正義的非解構
性從法律的解構性中獨立出來」，成為一種解構性正
義的「邏輯困境」（aporia）經驗：此種經驗永遠是
生命當下的難題，一條通往正義國度上，佈滿荊
棘，無盡曲折、又重重隱密的通路。

　　什麼是德希達所謂的「邏輯困境」？讓我們先
來看看德希達在《邏輯困境》（*Aporias*）（一九九四a）
此書中，如何解釋「邏輯困境」並運用它來開啓解
構主義的政治與倫理意涵。德希達指出在希臘文
中，aporos或aporia意謂著「死胡同」（impasse），它
沒有提供直接的通路。這是種在二股較勁力量的衝
突點上，造成「不可能」有兩全其美的抉擇存在；
或者是，抉擇總是可能，但是用一個「決定」來涵
蓋所有的可能性是不可能的。換言之，「邏輯困境」
意指詮釋文本過程中所面臨的一個意義相衝突的矛
盾，一個邏輯進退兩難的窘境。但是「邏輯困境無
法以其自身（as such）存在而永存不變，其終極困
境即是邏輯困境自身的不可能性（the ultimate aporia
is the impossibility of the aporia as such）。這段話所蘊
藏的意義對我而言是無法估量的（incalculable）」
（Derrida, 1994a: 78）。

　　德希達策略地挪用「邏輯困境」的涵義，以使
解構主義能強化某些特定性和試探性的思考向度，
來搜尋隱藏在「邏輯困境」中可以跨越意義衝突疆
界的可能性，使解構主義具有解決當下急迫性問題

的政治功能。然而，他問道：「然後，那個能跨越
這終極疆域是什麼？什麼是能凌越於個人生命？那
是可能的嗎？……『我進入』（I enter），並穿越通
道，這個『我通往』（I pass）意味著將我們放置在
可能的路徑上，如果我們能跨越 aporos或 aporia：
一件困難或似乎無法實踐的事」（Derrida, 1994a:
8）。

　　這「似乎無法實踐」的路徑上，充滿了不確定
性的迷思與挑戰，因為未來的實際經驗總是在前方
「等待」我們，而任何的「期盼」也均是神秘而無法
預知的（例如，死亡總在前方每一個剎那中等待每
一個生命），「等待」與「期盼」總是在「絕對無法
預知」的不可知狀況中進行著（Derrida, 1994a:
69）。這無法預知性是「邏輯困境」的本質 —— 它存
於任何嘗試重劃既有論述疆界的評論。德希達以
「邏輯困境」這個議題引領我們去注意一些生命裡無
法意會的某種「存在」和「未來」，這種困境同時也
強化另一無法意會的謎（enigma）—— 對as such
（自身）毀滅的預知（the anticipation of the annihila-
tion of the as such）。這個as （目前尚未成為as such）

的功能在保持意義的無法想像性，這無法想像性使我們總是試圖去猜測「邏輯困境」的（無法）預知性。因此，當德希達強調解構主義的政治功能時，他一再重申我們是在「這裡」（here）被迫做決定（以解決當下的政治困境），而非在邏輯困境的外緣做決定（Derrida, 1994a: 53）。德希達「邏輯困境」的論點具有相當的爭議性，此論點的無法估量本質正好突顯出任何提出解決此問題方案的可估量角度。因此，必將產生意義「無可估量」的盲點。換言之，知識有其宰制，論述有其偏見，洞見有其盲點，任何世間的知識討論都受限於某種無法跨越的邊界（如人類理智的邊界），唯一的解脫或許是將生命寄託在「期待」與「來臨」交織的無盡視域。

　　德希達這種不可能的經驗，卻又可能在「期待」視域中「來臨」的經驗即是正義邏輯的困境。因為正義是無法由估量得來的，然而法律卻存有估量的成分，所以他強調「正義與不正義之間的決定剎那永遠不受限於任何規則」（Derrida, 1994a: 16）。法律是形而下的與政治性的，而正義是形而上的與倫理性的：正義是單一性的、絕對的單數、永遠只有一

個（來自絕對他者）；而法律卻是多元的、複數的、情境的，其追求正義的方法是無限的「延異」。德希達在＜法律的力量＞一文中指出正義有三個邏輯的困境。

　　首先，制定法律以追求正義的「邏輯困境」。我們必須要有自主性才能有自主行動的能力；然而，不以法律規範為基礎的那種不負責任的行為絕對應該受譴責。但是，遵守法令規則也不能被視為是正義的行為。正義的意識必須先於法規的制定，所以法規才可以不斷地推陳出新。它是一個普遍存在於「懸盪」與「再創」間的焦慮狀態（a state of anxiety that prevails for the duration between suspension and re-invention）。正義的問題會在每一個法律制定的當下浮出檯面，而且被「實定法」所追尋的當下治理利益與權力欲望壓抑至檯面下。易言之，正義在人世間法律的「象徵秩序」（symbolic order）中，以一種永遠被壓抑的潛意識形式存在，被掩蓋於法律的國家主權理性之下，因此，制定法律以追求正義是一種道德強制性的「必須」，卻又是一種先驗性「匱乏」（lack）的「不可能」。亦即，正義之

於法律猶如潛意識之於意識，兩者有相互依存的關係，但卻永遠不能成為等相的關係。

　　第二，正義的「邏輯困境」是無法確定性的纏繞。正義和行動息息相關，因為只有具體且實際的行動，才有可能改變不正義的現象。正義的倫理性必須仰賴每一個「存有」在其特定時空中不斷地回應他者的要求，而每一個回應都是為了解決當下問題的政治性決定。雖然如此，每個他者的要求（正義）即法律（政治性的決定）的假象永遠會受到無法估量及無法確定性的正義纏繞。這個纏繞的干擾先於任何法律決定的估量，它的無法決定性是「兩個決定之間的一種波形擺盪或緊繃狀態。此經驗具有激進的異質性，有別於可估量的規範式法律命令。在考慮法律與規範的前提下，我們仍必須負起做決定的不可能性。」（Derrida, 1992: 24）。正義可以藉著無法決定性的考驗來避免完全呈現在世間法律中。所以，不管我們如何修訂法律，法律永遠僅是正義的「不足」與無盡的「替補」。

　　最後，正義的「邏輯困境」是急迫性。正義不但無法被完全再現，也無法一直等待。「公正的決

定永遠需要立即性」（Derrida, 1992: 24）。德希達指出，根據齊克果（Kierkegaard）的觀點，決定的剎那是一個瘋狂狀態（the instant of decision is a madness），然而此瘋狂的狀態也提供我們一個「救贖」的可能性。只有在時間的裂縫與抵抗性的思維向度中，才有出現一個趨近於公正決定的可能。這是一種在知識與規範中的「肯定性懸盪」（affirmatory suspension）（並非缺席），讓正義的意義永遠無法被整體化，讓新的意義得以不斷產生。因此，任何決定在司法體系中本來就意味著一個斷裂，而這斷裂的屬性是先於任何法律的存在。德希達認為一則法律實際的修訂是「行動性正義」（performative justice）與「陳述性法律」（constative rule）結合的成果，回應他者要求的修法決定是一種「行動性正義」，用以改變政治不義的事實，干擾其本體的完整性。而「陳述性法律」僅能對政治現實作陳述，無法突顯出正義的急迫性；然而「行動性正義」必須依附在「陳述性法律」的結構，並且，唯有兩者不對稱性與暴力性的斷裂，陳述性法律才能有機會及需求去連接行動性正義。

　　雖然德希達寫了三個有關正義的邏輯困境，他仍指出邏輯困境「自身」（as such）只有一個，它的單數性讓自身無盡地多元起來（there is only one aporia as such, that of singularity, that multiplies itself infinitely）。此外，正義如其三種邏輯困境的本質永遠是個「來臨」（avenir），而且是個永遠沒有保證的來臨。它是對行動性正義永恆的呼喚，是一個主體結構的危機與超越的可能。因為正義結構含有無法估量本質，大大暴露其可被錯（濫）用的開放性與可能性。這也突顯了如何「挪用」（apprppriate）正義是一項重要的政治議題，因為「沒有防備的正義總是不斷地會再被錯誤的計算挪用」（Derrida, 1992: 28）。

　　總而言之，因為有無法估量的正義與可估量的法律之間交錯依存的關係，所以「協商」變成是行動性正義最後落實為政治決定的手段之一，但政治協商又意味著正義在特定時空中的妥協與壓抑。被壓抑的正義符旨永遠暗藏在語言的系統內，倫理的「未說」永遠潛存並回歸「已說」的「象徵秩序」中。此種正義回歸與懸盪的過程是一種倫理的「言

說」過程,更是一種絕對他者「纏繞」的現象。這
過程與現象就是德希達所稱的「延異的污染」(dif-
ferantielle contamination),它採用暴力的手段去污染
所有乾淨的整體分類,並且動搖所有區分標準的基
石(Derrida, 1992: 38)。和平式的暴力是不可能的,
正因為不可能有不正義的和平。任何和平的再現均
「必須具有一個能不斷重複的源頭,藉由自身的改變
來再現與維護源頭的價值」(Derrida, 1992: 43)。

　　接下來,讓我們再用列維納斯的「他者哲學」
進一步檢視解構性正義的「邏輯困境」。任何暴力不
單指「已說」(自我整體)對「未說」(他者)的壓
迫,更是取得「言說主體」(subject of enunciating)
位置的強勢他者與未取得「言說主體」位置的弱勢
他者之間,常被忽略的不義現象。因此為處理此隱
性的不義現象,列維納斯所提出介於「自我」與
「他者」之間的「第三者」(third party)概念。第三
者意指介於「自我」與「他者」之間的另一群他者
或其他他者(other others)。因為,列維納斯在《整
體與無盡》中,所討論的「面對面」關係僅存於
「自我」與「他者」間的接觸。所以,德希達指出列

維納斯應提供我們「在建構道德社會的基石中，如何與他者接觸，卻又不落入全球化暴力」（Davis, 1996: 52）。列維納斯為了回應德希達此疑問，在《別於存在：或超越本質》中提出「第三者」的觀念。他寫道：「這裡所指的『第三者』別於一般的『第三人』；而是干擾自我與另一他者間和諧的假象關係，干擾自我與鄰人間的親近。也正是這第三者使得正義得以存在」（Levinas, 1981: 150）。

　　當一位解構性「言說」他者因為迫於情勢，必須選擇、消除、同化或排擠其他同樣受迫的「未說」他者，以便做出當下「急迫性正義」的決定時，這抉擇必須面臨解構主義中兩難的情境，而承受抉擇時所帶來無所適從的焦慮與瘋狂狀態的煎熬。正是此種解構性正義的「邏輯困境」，使得單一純然正義的倫理決定永遠無法存在，卻又如此迫切需求。扼言之，這困境即是形而下倫理永遠的困局、兩難與矛盾，使得解構性正義的政治實踐總是十分棘手並充滿挑戰。所以，任何解構式反抗是弔詭的雙重暴力，一種非倫理的暴力讓強勢的他者自弱勢的他者搶得發言權，進而成為倫理的「言說」暴力來抗衡

「已說」的壓制式暴力。解構式必要邪惡的不義必然
事先潛伏於每一個解構性正義的實踐行動內。因
此，解構主義不是全然的正義，也不是全然的不
義，而是（不）正義：一種質疑法律的暴力本質及
質疑此「質疑主體」自身正義性兩者之間，同時
性、雙重性與交錯性的政治活動姿態。

　　職是之故，解構性正義永遠是邏輯的困境及意
義的盲點。正如同正義一般，解構是絕不可能被估
量，也無法被法律完全呈現；因此，我們甚至可以
說解構與正義自身（as such）根本就不存在於人世
間。然而，解構性正義的邏輯困境可以幫助我們激
發出一些不確定性與暫時性的正義火花。換言之，
邏輯困境提供我們在看似僵化的法律邊界處，一條
隱約可見，可跨越邊界通路的可能性。因此，德希
達一再強調抉擇動作對倫理的重要性，倫理的決定
也必須具有無盡的政治重複性。畢爾德史沃斯
（Richard Beardsworth） 在 《德希達與政治》
（*Derrida and the Political*）一書中指出「邏輯困境」
的政治性功能：「一個邏輯困境需要決定（deci-
sion）。任何一個人無法一直待在這兩相衝突的盲

點，同時這衝突內在又具有不可化約性，因為抉擇
當下的切割使得決定總是暫時的，會有下次被重新
決定的可能。未來的承諾之所以能被確定，是因為
時間中總有暫時性正義駐留的可能性」
(Beardsworth, 1996: 5)。

解構性正義的邏輯困境突顯出所有法律底層結
構內，一個普遍存在於「懸盪」與「再創新」之間
的焦慮狀態，它代表了解構經驗與正義經驗的不可
能性、無法估量性及無法預知性，但也同時應許了
我們一個將來，這將來總是在前方「等候」，讓在不
義情境中承受壓迫的弱勢他者有「期待」的可能及
「活著」的意義。因此，德希達的解構性正義代表著
一個必須不斷在兩難與矛盾的正義困境中，強化某
些特定性和試探性的思考向度，以搜尋隱藏在困境
中可以跨越意義衝突疆界的可能性；因此，解構性
的政治決定才能有機會選擇相對較輕暴力的暴力經
濟學。正義在晚期解構論述中彷彿是一條精緻無形
的細線，德希達以雙指拾起線頭，將各項倫理與政
治的議題如（禮物經濟、馬克思幽靈、友誼政治、
來臨式民主政治、九一一事件、救世主主義、他者

的單語主義、哀悼、歷史創傷等）如珠玉般一顆顆串起。德希達臨終前仍相當關心正義的解構概念，因此我將會在其他章節中作更深一層及多元的介紹與探討。

　　總結此章對德希達「暴力」、「法律」及「正義」的分析與討論。「暴力」此議題在當代哲學與文化研究中，已跨越傳統社會學的論述疆域（如校園暴力或家庭暴力防微杜漸的分析與策略），成為熱門話題之一。列維納斯式倫理提出一種超乎傳統及有形暴力框架的另類暴力，這是一種先驗性及可形塑任何「知識」和「存在」的暴力，所以這種另類暴力的本質無所不在，跨越任一時空。我們甚至可以說，世間萬物的意義得以運作，所仰賴的正是暴力經濟的操作——以暴制暴，以光對光。正如同班雅明所述，制定和維護法律的這兩種暴力使得法律無法完整地再現正義，而德希達主張正義就如同解構主義，都是無法被世間「一切有為法」所解構。「藉由正義作為再現法律的（不）可能性之間的落差，使得法律有修正的空間……正是這種錯置和延異的法律運作，得以使法律在論述的範疇中不斷修

正而趨於正義」（Arrigo and Williams, 2000: 323）。

　　也如同德希達所言：「正義總賦予我們改進法律的動機、欲望與行動力」（Derrida, 1997: 130）。但這種當下的正義趨力必須落實在單一及現實的政治情境，因而迫使我們必須延宕所追求的絕對道德，也使我們常常陷於猶豫不決的焦慮。這種由解構主義兩難引起的焦慮，使得單純及理想的倫理抉擇無從決定。同時，又基於暴力經濟訴求的急切性，必須立即在抉擇的暈眩中做出所有割捨的決定，一種權宜的倫理性暴力。而在這權宜中所無法顧及的其他「他者」（第三者），會不斷召喚我們的責任感，唯有持續回應「他者」的召喚，才會減輕我們受（非）倫理暴力所造成的暈眩。在無法簡單化約的暴力經濟中，任一解構的見解（決定）將也會被其他的解構見解（決定）所取代。暴力的本質永遠存在於解構性正義和不正義之間，使得單一面向的倫理抉擇永遠無法成為選擇的項目。

　　幸好，倫理的「言說」不會完全受限於「已說」的範圍。它在「已說」的結構範圍中潛藏，隨後得以進一步從闡釋的空隙中取得干擾的位置，使得維

護第三者所依賴的「救世主式正義」得以不斷來臨，這是一種「倫理實踐的扮演」（ethical performance），一種解構式的或許（deconstructive perhaps），更由於自身的急迫性，而必須承受在挑戰過程中而必體驗的「暈眩」及「瘋狂」。簡言之，正義的兩難促成並確立解構視域中的暴力經濟運作，而此間隙式（介於自我與絕對他者之間）的兩難視域使得新的正義（部分弱勢他者的正義）得以再現，而正義絕對他異性得以在法律的限制經濟中，不斷地延展其踰越的本能。面對正義的矛盾與困境，德希達強調「自我」必須不斷思索（並在當下決定）以較輕暴力回應「他者」迫切的倫理要求，使晚期解構主義成為一種後現代獨特且必要的「政治藝術」。

註釋

1 簡言之，治理術（governmentality）是治理技術的論述化、生活化與脈絡化。傅柯於一九七八年二月一日在法蘭西學院講授「安全、領土和人口」課程的第四講裡，詳述治理術（如對行為舉止、靈魂和生命的治理）的概念與其歷史由來。他說治理術是從古老的基督教牧領模式與傳統的外交／軍事技術發展出來，治理者透過對其領土、人口、人文、自然的明查、暗訪與監視等，來落實治理術於日常生活中。從十六世紀中期到十八世紀末君主的封建制度逐漸沒落式微，而這些嶄新治理的特定手段與治理的藝術（art of government）在歐洲盛行起來，傅柯將治理術的興起歸因於三個因素：宗教牧領、外交／軍事技術，以及政治治安（police）。

2 雖然收錄於《書寫與差異》中的＜暴力與形而上學＞一文為德希達早期作品，但此文是解構主義當代「暴力」論述的重要作品，且文中所探討的列維納斯「他者哲學」對晚期解構主義的政治轉向有決定性的影響。因此，在本書航旅之初特別提出討論。

參考書目

Althusser, Louis. Lenin and Philosophy Trans.Ben Brewster. London: New Left Books, 1971.

Arrigo, Bruce A. and Christopher R. Williams (2000). "Impossibility of Democratic Justice and the 'Gift' of the Majority: On Derrida, Deconstruction, and the Search for Equality." *Journal of Contemporary Criminal Justice,* 16(3), pp. 321-43.

Beardsworth, Richard (1996). *Derrida and the Political.* London and New York: Routledge.

Benjamin, Walter (1978). "Critique of Violence." *Reflections: Essays, Aphorisms, Autobiographical Writings*. Ed. Peter Demetz. Trans. Edmund Jephcott. New York: Schocken Books. pp. 277-300.

Bernasconi, Robert and Simon Critchley (1991). *Re-Reading Levinas*. Ed. Bloomington and Indianapolis: Indiana UP.

Critchely, Simons (1999). *Eethics-Politics-Subjectivity: Essays on Derrida, Levinas and Contemporary*

French Thought. London: Verso.

Davis, Colin (1996). *Levinas*. Notre Dame and Indiana: U of Notre Dame P.

de Man, Paul (1971). *Blindness and Insight: Essay in the Rhetoric of Contemporary Criticism*. New York: Oxford UP.

Derrida, Jacques (1994a). *Aporias*. Trans. Thomas Dutoit. Stanford: Stanford UP.

Derrida, Jacques (1992). "Force of Law: The 'Mystical Foundation of Authority.'" *Deconstruction and the Possibility of Justice*. Ed. Drucilla Cornell et al. London: Routledge. pp. 3-67.

Derrida, Jacques (1976). *Of Grammatology*. Trans. G. C. Spivak. Baltimore and London: Johns Hopkins UP.

Derrida, Jacques (1981). *Positions*. Trans. Alan Bass. Chicago: the U of Chicago P.

Derrida, Jacques (1994b). *Specters of Marx: The State of the Debt, the Work of Mourning, and the New International*. Trans. Peggy Kamuf. New York:

Routledge.

Derrida, Jacques (1997). "The Villanova Roundtable: A Conversation with Jacques Derrida." *Deconstruction in a Nutshell.* Ed. John D. Caputo. New York: Fordham UP.

Derrida, Jacques (1978). "Violence and Metaphysics: An Essay on the Thought of Emmanuel Levinas." Trans. Alan Bass. Chicago: Chicago UP. pp. 79-195.

Derrida, Jacques (1978).*Writing and Difference.* Trans. Alan Bass. Chicago: Chicago UP.

Foucault, Michel (1979). *Discipline and Punish: The Birth of the Prison.* Trans. Alan Sheridan. New York: Vintage.

Gibran, Kahlil (1994). *The Prophet.* London: Bracken Books.

Heidegger, Martin (1962). *Being and Time.* Trans. John Macquarrie and Edward Robinson. Oxford: Blackwell.

Levinas, Emmanuel (1969). *Totality and Infinity.* Trans. Alphonso Lingis. Pittsburgh: Duquesne UP.

Levinas, Emmanuel (1993). *Collected Philosophical Papers*. Trans. Alphonso Lingis. Dordrecht, Boston and London: Kluwer Academic Publication.

Levinas, Emmanuel (1990). *Difficult Freedom: Essays on Judaism*. Trans. Sean Hand. Baltimore: The Johns Hopkins UP.

Levinas, Emmanuel (1981). *Otherwise than Being or Beyond Essence*. Trans. Alphonso Lingis. Pittsburgh and Pennsylvania: Duquesne UP.

Levinas, Emmanuel (1991). "Wholly Otherwise." *Re-Reading Levinas*. Ed. Richard Beardsworth and Simon Critchley. Bloomington and Indianapolis: Indiana UP. pp. 3-11.

Nietzsche, Friedrich (1996). *On the Genealogy of Morals*. 1887. Trans. Douglas Smith. Oxford: Oxford UP.

O' Callaghan, Bryn (1990). *An Illustrated History of the USA*. Essex: Longman.

Williams, Raymond (1983). *Keywords: A Vocabulary of Culture and Society*. New York: Oxford UP.

第二章 （上帝）禮物與交換經濟

一、禮物經濟的物質、文化與道德屬性

> 一切商品對它們的所有者僅是交換價
> 值，但對它們的承購者卻有直接的使用
> 價值。因此，商品必須全面轉手，而這
> 種轉手就形成商品的交換經濟（Marx,
> 1990: 38）。

當代人文社會領域形成的「禮物經濟」（econo-
my of gift）論述，已逐漸呈現巴赫汀（Mikhail
Bakhtin）式（對話的）眾聲喧嘩，其犖犖大端者
如：尼采「超人式」的贈予德性（the virtue of giv-

ing）、海德格「存有式」的禮物（存有作爲一種禮物是在時間中不斷的向未來給予而非接受）、牟斯（Marcel Mauss）「普遍義務性」或「競爭性」的慷慨倫理（an ethic of generosity）、李維斯陀的「結構式」贈予關係、齊克果「基督教式」的贈予責任、巴岱儀（Georges Bataille）「整體經濟式」（general economy）過剩禮物的消費、泰斯塔（Alain Testart）「非義務性」的贈予與回報、列維納斯「絕對他者式」的贈予倫理或德希達「解構式」的禮物（禮物超脫「贈」與「受」的二元思維）等。在MLA國際期刊資料索引中，僅過去十年間有關gift的學術文章就有四百九十三篇。但整體而言，在當代眾聲喧嘩的「禮物經濟」中，以牟斯及德希達的「禮物經濟」論述最有系統及特色，而牟斯「義務性」道德的「禮物經濟」乃當代禮物經濟論述的源頭，也是德希達「禮物經濟」的基礎。因此，筆者將先介紹及討論牟斯爲主的當代「禮物經濟」論述，再將德希達的禮物經濟橫向置入於此當代論述體內，使其產生對話、播散、混血、重述或轉化的效應，以擴大對（上帝）禮物與交換經濟的探討。

　　職是之故，本章將分爲六部分來重探禮物經
濟：(1)禮物經濟的物質、文化與道德屬性；(2)（非）
義務性的禮物經濟；(3)德希達的禮物經濟；(4)犧牲
經濟的矛盾；(5)「矛盾」作爲上帝的禮物；(6)禮物
經濟的解構美學。前半部主要是先以馬克思論述來
解釋「交換經濟」的「唯物」歷史形塑，再以尼采
的「主人道德」（master morality）及「奴隸道德」
（slave morality），重探牟斯及泰斯塔「義務性」及
「非義務性」道德的「禮物經濟」，並試圖指出泰斯
塔對牟斯「全面性報稱餽贈」的「偏」見與「誤」
解。後半部則以「亞伯拉罕的矛盾」擴大對德希達
解構式禮物經濟及犧牲經濟的探討，筆者將提出如
何在「矛盾」開展的禮物經濟視域中，找尋解構式
「上帝禮物」的個人見解。簡言之，對德希達而言，
純眞（上帝）的禮物於交換經濟形成後即成爲一種
永恆的失落，一種無法言說的神秘，如正義，如眞
理，如美，如希望，如死亡，永遠與「贈與受」的
二元流動循環脫勾，成爲一種交換經濟外的激進外
在體（radical exteriority）。

　　首先，什麼是禮物經濟？簡言之，禮物經濟是

指人類社會中，一種「循環式」的贈予，一種人與
人之間禮物的交換經濟，它提供我們一個角度，來
觀看及分析一個既定社會或族群的生產模式、文化
結構與道德規則。讓我們先瞭解什麼是交換經濟
（the economy of exchange）及其「唯物」的歷史
性。「經濟」[1]一詞一般而言，泛指人類對財貨及資
源的生產、分配及使用的社會現象，而交換經濟的
基本精神即是人類將自己多餘的東西給予他人，而
從他人手中接受自己所必需及缺少的東西，在等值
交換的前提下進行物品的重新分配及使用。馬克思
在《一八四四年經濟學及哲學手稿》中，除了提出
了「異化」的概念，對傳統的政治經濟學有嚴厲的
批判外，也指出資本主義是以「私有財產」及「交
換經濟」作為基本條件，所建構的一套市場經濟體
制。換言之，在「侷限的中產階級形式」（the limit-
ed bourgeois form）社會中，物品的交換與分配均是
依自由市場的供需來運作。在《資本論》第一卷，
第二章〈交換過程〉中，馬克思更詳細探討市場交
換過程的形塑，及「使用價值」（use-value）與「交
換價值」（exchange-value）在商品「所有者」與

「承購者」交換過程中所扮演的功能。他說：

> 商品（commodity）對其所有者並沒有
> 直接的使用價值，否則，他就不會把它
> 拿到市場上去交換。但他的商品對別人
> 可能有使用價值，而對他而言，他直接
> 擁有的價值僅是交換價值的保管（a
> depository of exchange value），及進而成
> 爲價值交換的手段。所以，他願意讓渡
> 他的商品，來換取那些對他而言具有使
> 用價值的所需商品。一切商品對它們的
> 所有者僅是交換價值，但對它們的承購
> 者卻有直接的使用價值。因此，商品必
> 須全面轉手，而這種轉手就形成商品的
> 交換經濟（Marx, 1990: 38）。

　　但市場交換經濟並非一種全新的制度，而是人
類歷史不斷演進的產物。以馬克思的唯物史觀來
看，人類歷史上的生產模式（mode of production）
與政治體制已歷經三次重要的改變：從原始的「部
落共產制度」演變爲「奴隸制度」，由「奴隸制度」

演變為「封建制度」，再由「封建制度」演變為「資本主義制度」。每一個生產制度都有一套獨特的交換經濟模式（例如從原始部落的「以物易物」到封建時代的「貨幣制度」及現今的「刷卡付費」）。馬克思進一步指出，傳統交換經濟中，生產者可以其勞動時間（labor time）創造「交換價值」，再以此交換價值在社會的交換經濟的機制下「交換」等值「使用價值」的生活所需物品。例如，在傳統市集中，一個木匠工以二十個小時完成的一張餐桌，可以用來換取等值貨幣，再用此貨幣換得一隻雞、一件衣服及作成餐桌的木材原料。在這個例子中，扣除餐桌所需的木材原料成本，木匠的二十小時的「勞動時間」即等於「一隻雞」及「一件衣服」的「使用價值」。

　　但在大規模生產工業所形塑的資本主義交換經濟中，「勞動時間」不再是衡量「交換價值」的重要準繩，取而代之的是資本家所擁有的「生產技術」（亦即科技及科技的運用技術）（Marx, 1973: 705-06）。因此，工人的勞動剩餘價值（surplus value）在資本家操作宰制的交換經濟中成為資本家的利

益，一種「合法」的勞動價值剝削。總之，交換不單是各個時代市場的表現形式（form），更是市場實際運作的內容（content），透過各時代交換成規所進行的各種交換活動，使社會資源得到交流與分配，使群體經濟得以運行。我們可以說，縱使交換經濟在不同歷史時空中會有不同的唯物性的「再現」及其缺失，然而，無庸置疑的是，交換是人類歷史上各種社會經濟運行與發展的原動力。

交換經濟除了有其歷史的唯物屬性外，也有其強烈的文化與道德屬性。我們甚至可以說，縱然在同一時代中，不同意識型態的文化與道德機制，會形塑不同的交換經濟，而「禮物」的交換經濟即屬於一種具有很濃厚的文化與道德屬性的交換經濟。「最古老的經濟制度是由『全面性報稱（饋贈）關係』（total prestations）構成的——即宗族之間的饋贈，藉此制度人與人、團體與團體得以互換各種物品。這個現象是後來發生交換禮物習俗的根基」（Mauss, 198: 993）。

法國社會學家牟斯在《禮物：舊社會中交換的形式與功能》中有系統地探究普遍存於傳統部落

中，禮物經濟底層的意涵，解析有力，立論精湛。
在牟斯探討「全面性報稱饋贈」概念之前，未曾有
學者有系統的研究過禮物經濟的重要性，和它在古
老社會所扮演的角色。牟斯認為世上沒有所謂的
「自然」經濟性存在（Mauss, 1989: 13-14），並且在
早期西方的法律和經濟系統中，貨物的交換發生於
群體間而非個體間。這些交換不單是物品、財富的
交換，大多數是族氏宴筵、宗教儀式、軍事服務、
女人、小孩、舞蹈、慶典和交換的集會。在這系統
中經濟交易不是主要角色，而是一個規模更大、更
持久的契約向度。最重要的是，這些贈予（收到的
禮物）是義務性的。牟斯稱這系統為「整體服務」
的系統——每一個禮物均是交換系統的一部分，而
在這系統中建立贈者與受者的名望與權威。「誇富
宴」（potlatch）即是牟斯所稱「禮物經濟」整體性
現象的例證，它具有宗教性、神話性、法律性和經
濟性，是社會結構展現的現象（它把部落、宗族和
家庭聚在一起）。牟斯指出有三種義務構成此「禮物
經濟」儀式的本質：「贈予」、「接受」和「回贈」
的義務（Mauss, 1989: 55-59）。不遵循贈予經濟的規

則會造成很嚴重的後果，例如：一位族長沒有贈予
禮物給他人就會失去他的名譽，也就是失去他領袖
的精神地位。同理可運用到邀請他人的義務，任何
人沒有權利去拒絕一份禮物或不應邀參加此交換的
節慶宴會。牟斯提到以上的原則也發生在一些古老
的社會，例如：羅馬、印度、德國和中國等國家
（Mauss, 1989: 65-86）。

　　簡言之，牟斯的《禮物》有兩項較重要的貢
獻。首先，他注意到禮物經濟有一內在結構與邏輯
組成的溝通系統，並提出社會學及人類學式具體案
例的驗證與討論。再者，他探討如結構主義中人類
社會呈現完整結構現象：亦即是一個多面向現象的
觀念，「這些現象即與法律、經濟有關，又屬於宗
教、美學、形態學範疇」（Mauss, 1989: 103）。牟斯
試著揭示在所有社會中，自動獻上禮物是有其義務
性。他認爲所有社會現象是彼此互相連結，所以他
們是整體的並且所有的機構都以整體社會的觀念表
達其宗旨，而禮物不過是整體社會交換經濟中的一
部份。在早期部落社會中，收到禮物必須要回禮，
否則這整體部落社會的運作會瓦解。牟斯在他的書

中，一開始提出以下問題，並嘗試在書中推敲出解
答：什麼原則使原始社會或舊社會的人有禮必報？
禮物裡面究竟有什麼力量讓接受者非還報不可
（Mauss, 1989: 12）？

　　事實上，禮物經濟架構底層交織著控制經濟
（command economy），市場經濟（market economy）
及以物易物經濟（barter economy）多元的交換意義
與功能。禮物經濟所形成的文化，必須始於生存物
質沒有顯著匱乏的社會或族群。因此禮物文化不僅
具有馬克思所謂交換經濟的基本物質屬性，更象徵
著富饒生活所延伸的一種文明現象，一種人情世
故，一種互惠原則，更是一種權力與聲望的建立。
我們除了在各種節日（情人節、母親節、父親節、
教師節、春節及聖誕節等）贈送或接受各種禮物
外，也在各種聚會中（生日、結婚、升官、畢業、
演出成功、獲獎、生子及喬遷等）贈送或接受各種
禮物，更不用說相互拜訪、表達謝意或者是婚喪喜
慶時「紅」、「白」包贈予及接受的傳統，總是「禮」
多人不怪。這俯拾皆是的饋贈現象，都突顯禮物經
濟在社會機制中具有濃厚的文化及道德性。

二、（非）義務性的禮物經濟

　　筆者認為，禮物贈予的文化及道德所建構的「義務性」及「非義務性」交換經濟是在尼采所謂的「主人道德」（master morality）及「奴隸道德」（slave morality）兩端交流運作，產生多元贈與受（giving-and-taking）的交換契約及模式。尼采在《論道德的譜系》一書中把道德分為兩種：主人（或高尚）道德及奴隸道德。亦即是，（希臘）貴族間的道德稱作主人道德，而基督教式道德稱作奴隸道德。尼采給予此兩種道德一個簡單的定義：「奴隸道德從一開始就對外在、他人、非我加以否定：這種否定就是奴隸道德的創造性行動；反之，一切高尚的道德都來自一種凱旋勝利般的自我肯定」（Nietzsche, 1996: 22）。我們知道尼采的一生思想探索生命「權力意志」（will-to-power）粉碎傳統基督教以上帝為至高無上中心的善惡規範，並建立他經由不斷超越自我以臻至介於人類與上帝之間的超人

（übermensch）哲學。尼采認為，生存僅是一種「權力意志」的表現，人類追逐的不是眞理，不是正義，不是美，不是善，不是快樂，而是「權力意志」，所謂的眞理只是一種看法（perspective），一種人類主觀的「建構」（construct），而看法是由人類「權力意志」來決定而非上帝。職是，每一個存活於世上的生命都試圖在建構一個屬於自己「權力意志」的世界。

因此，對尼采而言，基督教（或任何宗教）的建立，就是弱者要從強者手中奪取權力的手段，心中充滿怨恨（resentment）的弱者發明了「弱者是好人」及「奴隸道德」來對付強者及其「主人道德」。尼采說：「懷有怨恨的人……構想出邪惡的敵人和壞人，並把此一構想當作基本概念。再從此點出發，他繼續建構背後圖景和對立面的好人——這就是他自己！」（Nietzsche, 1996: 23）及「僅有可憐的人才是好人；僅有窮人、弱者及低下的人才是好人。僅有受苦者、被侵害者、病弱者、醜陋者才是誠懇的信徒、才會被神祝福，也才有可能得到神的救贖」（Nietzsche, 1996: 19）。所以，尼采認爲，奴

隸道德產生於受壓迫者，由於沒有能力反抗主人的怨恨精神，以一種自欺的、迂迴的、阿Q式的方法，發明了新的意識形態。例如：尼采指出，生為奴隸的猶太人在埃及主人的壓迫下，為了不讓猶太族人成為沒有尊嚴的弱者，即稱自己為「上帝的子民」（chosen people），營造一種自欺式的優越感；或者，創造出一些新的價值，例如：同情、忍耐、謙卑、順服、仰慕、善良與寬恕等，讓自己從可憐的弱者成為具有（奴隸）道德的好人。

相較於奴隸道德，主人道德則是「一種凱旋勝利般的自我肯定」，一種達爾文式優勝劣敗環境中，所形成的高尚文化機制：他人給我三分我還報五分，若他人給我五分我即還報七分，以顯示自己品行的高尚與社會中勝利者的地位。而在希臘文化中人們重視心靈的高尚與尊貴，常以高貴行為作為善良的本質，形成希臘人的主人道德文化。簡言之，道德的社會功能是分辨善惡，尼采認為主人道德是以「高尚」為善，以「卑鄙」為惡；反之，奴隸道德則以「弱者」為善，以「強者」為惡。因此，對他而言，教導世人要友善、寬諒、博愛及禁欲的傳

統基督教式美德，是一個人邁向超人聖途中的障礙。有一點必須提出的是，尼采的「主人道德」及「奴隸道德」並非一種僵硬族群的道德分類，而是一種普世的人性，交織於人類意識的底層。換言之，「即使僅是一個人，一個靈魂……也會同時具有主人道德及奴隸道德」（Nietzsche, 1990: 194-95）。因此，一個人意識中的「主人道德」及「奴隸道德」會隨文化結構、道德規則及身處情境的不同而改變。有些情境甚至會同時召喚兩種道德感，造成兩者難以妥協的衝突。現在讓我們以尼采的這兩種道德，來討論泰斯塔對牟斯的批評。

　　牟斯強調禮物「報稱饋贈」和「回報」的經濟是一種「全面性的報稱（饋贈）」（total presta-tions），一種「強制性」義務：

> 在共襄盛舉的市集中，經濟性的市場不過是雙方交流的項目之一，財富的流通只是局部表達彼此間廣泛深遠的盟約關係。還有一點，儘管這些報稱（presta-tion）和回報（counter-prestation）表面

上看似自動自發、出於自願，其實卻是
非常具有義務性的；違反這義務可能在
私下招致懲罰也可能公開引起大戰。我
們打算稱這種交換體系為全面性的報稱
（total prestations）（Mauss, 1989: 14）。

　　從牟斯的解釋與分析中，我們可以得知，「全
面性的報稱（饋贈）」即是貴族之間尼采式「主人道
德」所建構的贈予經濟。牟斯以澳洲及北美洲部落
間「禮尚往來」的義務性道德為例，試圖解釋舊社
會中交換經濟形成原因及功能。其中以北美洲（溫
哥華到阿拉斯加一代的白人及印地安人）及美拉尼
西亞（Melanesia）和玻里尼西亞（Polynesia）等地
方中「誇富宴」習俗的分析最引人注目，並最能支
持他「全面性報稱（饋贈）」的論點。在此種傳統
中，任何貴族中的「男人」須有膽量向他「對峙的
酋長或貴族挑戰」，即使是傾家蕩產（全族的家產）
也要能舉辦一場全面性的回報宴。然而「在這交換
過程中儘管極其重利又奢華，最顯著的那種強烈對
峙性，說穿了也不過是貴族之間的一場鬥爭，藉此

決定各人的階層地位。如果獲勝的話，也就是為自己的宗族獲得了至高的利益。這種對峙式的全面性報稱交換，我們姑且稱之為『誇富宴』」（Mauss, 1989: 15-16）。

因此，我們可以說「誇富宴」禮物經濟的形成來自父權社會中，貴族間的主人道德把「高尚」回報行為視為善（即刻、確定及較大的回報）而把「卑鄙」回報行為視為惡（拒絕、拖延或較小的回報）。「送禮」、「收禮」及「回禮」的風俗最後成為一種「互相炫耀」的社會行為，一種「高尚的花費」（noble expenditure），一種「巴洛克式」的華麗禮儀，一種「適者生存式」的強者文化遊戲規則，來肯定自身的階級及高貴的人格。換言之，在以主人道德為主的父系社會結構中，男人必須藉由更昂貴的禮物回報贈予者（他者）方可建立起其社會的聲望與權力，此種「主人」性、強迫性、義務性及全面性的禮物經濟成為（父系）貴族社會中「權力」的生產、流動與競爭現象。

泰斯塔在〈不確定的「回報的義務」：論牟斯〉一文中，火力全開，批評牟斯各項「義務性」回報

的謬誤。有部分指正的確有其說服性，例如：「誇
富宴」中回報義務是否受債務奴役（slavery for debt）
來制裁的探討及「禮物」與「交換」兩者的區分。
但整體而言，他對牟斯的論點攻擊仍值得進一步討
論，希望藉由這項討論，讓我們能更清楚瞭解當代
禮物經濟論述，及禮物經濟中「禮品」與「道德」
有無絕對必然的關係。泰斯塔認為牟斯所宣稱「普
遍性回報義務」（obligation to reciprocate）的必然性
大傘，掩蓋了無須回報性的贈予及非強制義務性的
回報行為。因此他不能接受「回報義務具有普遍
性」。他說：「我對如此的陳述感到驚訝，它顯然是
錯誤的」（Testart, 2004: 35）。為了馬上證明牟斯的
錯誤，他舉出兩個簡單例子。第一個例子：「不久
之前，我給了一個在街頭乞討的人一法郎。明顯
地，他絕不會將這一法郎還給我，因為我們再度遇
到彼此的機會是很微小的；我甚至認為，即使我們
有機會再相遇，他也不會將我的銅板還給我，反而
更有可能乞求我再給他一枚銅板。除此之外，他也
沒有任何義務必須回報我任何東西」（Testart, 2004:
36）。泰斯塔緊接著又舉了一項個人例子來鋪陳他

「非義務」性回報的論點：

> 一位同事在幾個月前邀請我共進晚餐，
> 而我尚未回報這項邀請。在這第二個例
> 子裡，有某樣東西與回報的義務有關，
> 因為「我覺得我有義務」邀請這位同事
> 做為回報。讓我們在這裡強調，這個問
> 題只是一種感覺，一種義務的感覺而
> 已。這樣的義務以何種方式強迫我呢？
> 如果我不回報這份邀約，會發生什麼事
> 呢？大概不會有什麼嚴重的影響。……
> 我感覺我應該這麼做，但是我並非真正
> 被強迫如此去做。在這種強迫中，沒有
> 什麼是義務性的；這種「回報的義務」
> 並沒有制裁的強制力，它只是一種感覺
> (Testart, 2004: 36)。

　　就這兩個例子而言，泰斯塔對牟斯的批評似乎
有欠公允，可以說是一種「稻草人」式的批評法
（自己架設一個假目標並把它當成真實的對方來攻

擊）。因為牟斯整本書主要是以「主人道德」建構的
禮物經濟社會作為其解析的框架，而泰斯塔卻以
「奴隸道德」的兩個例子（第一個例子中，他因「同
情」乞丐而不求回報的贈予；第二個例子中，他同
事因「善良」、「寬恕」、「不計較」的美德而不強
迫他回報）。換言之，他跟牟斯的認知差距在於牟斯
「義務性」的交換經濟是在舊社會中集體「主人」式
道德下產生一種債務流動與循環，而泰斯塔「非義
務」性贈予與回報是在當代社會中個人「奴隸」式
道德下的案例，兩者並無交集的衝突點。雖然泰斯
塔指出牟斯一書中未探討到弱者（如女人、窮人或
小孩們）的「奴隸道德」式交換經濟（我們可以
說，泰斯塔對於乞丐及他的同事對於他，可說均是
一種「巴岱儀」式過剩的消費），但這不代表牟斯
「義務性」及「普遍性」贈予道德的分析是項「錯
誤」。

　　當泰斯塔最後回到「舊社會」中來討論「誇富
宴」時，仍然以跳離框架式的例證來批評牟斯宣稱
的「回報的普遍性」。他引用克提斯（Curtis）的例
證來說明有兩種人在「誇富宴」後無須回報宴會主

人：一種是回請者在尚未回報之前即已去世，另一
種是在宴會中的窮人（Testart, 2004: 37）。泰斯塔解
釋說，雖然庫哇凱馬特人對於過世的人，理論上假
定他們的繼承人應承擔被遺留下的回報義務，但
「有回報的義務並不表示一定有義務去履行它」
（Testart, 2004: 38）。至於窮人，因為沒錢就更無須
有責任去回報「誇富宴」的主人。若德希達仍在
世，且願意與泰斯塔對話，那麼，德希達應該會告
訴他：「沒有能力去回應他者呼喚的人，本來就無
須對他者負任何責任」。因為英文「責任」（respon-
sibility）這個字內在涵義即是有能力（ability）去回
應（respond）他者（在此是「誇富宴」的主人）的
道德呼喚。所以，「死者」跟「窮人」本來即是沒
有能力在「物質」贈予經濟體制內運作的個體及族
群，並不在牟斯所謂回報道德的「普遍性」範疇
內。

　　泰斯塔歸納地指出以下三種情形裡捐贈者在贈
予後不能要求回報：「(1)在慈善捐贈裡，沒有回報
義務的問題。(2)在朋友之間的邀請裡，只有義務的
感覺，而沒有制裁。(3)在誇富宴裡，有社會制裁，

但沒有法律制裁」（Testart, 2004: 42）。第一種，捐贈的確在贈予後不能期盼任何「物質」的回報，但他（她）可期待獲得兩種「非物質」的回報。如果捐贈者是爲了建立個人名聲或社會地位（如企業家捐錢給慈善機構或蓋醫院及學校），他（她）可以在媒體的報導下，藉「奴隸道德」的慈悲之名，獲得「主人道德」中高尚人格及社會聲望之實，甚至還可以獲得減稅的實質回報。倘若捐贈者眞的是「衷心」想幫助弱勢的他者（如泰斯塔捐一法郎給乞丐或企業家以匿名方式的捐贈），那麼這顯示他（她）有「能力」並且有「意願」去回應「他者」對他道德意識的呼喚。因此，當他（她）捐贈行爲發生的那一刹那間，他（她）已獲得來自「內在」他者道德的回報：一種快樂、一種滿足、一種肯定，肯定內心「助人爲快樂之本」的信念，不管受贈予者（外在他者）是否要（或有能力）表示感激。

　　而這種內在回報式的「感覺」正好連接到泰斯塔的第二種及第三種例子——朋友之間的邀請與「誇富宴」的邀請。這兩個例子談的是在禮物經濟中有「能力」回報卻沒回報的制裁問題。先談第二個

例子，泰斯塔沒有回請他的同事的確不會在此單一事件受到任何社會或法律的制裁，但禮物經濟是一種「時間」延異的文化，並且如同索緒爾（Ferdinand de Saussure）所言，任何單一言語（parole）必須置放在其語言符號系統（langue）中才會產生意義（例如「狗」這個中文字置放在非中文的語言系統，就失去了其中文指涉的涵義）。所以，把泰斯塔沒有回請同事的例子，置放在他職場的道德系統中，他雖然不會受到法律與社會的直接制裁，但他如果重複他不回報的行為，例如，其他同事或同一個同事再度邀請他用餐或任何形式的饋贈，他仍然有「能力」而沒回報時，他不但會加深「良心」（義務回報的「感覺」）的責備，更會受到同事認定為「自私自利」或「吝嗇鬼」的人物而遭到拒絕友誼的職場制裁。

　　第三種例子，泰斯塔試圖以法律的問題否定禮物經濟的道德問題。他承認在「誇富宴」中的確「具有社會制裁的功效」（Testart, 2004: 37），但也指出它沒有實際法律的制裁性，因此，對「死人」及「窮人」而言，「回報的義務」即沒有實際的「強迫

性」。我們已經討論過在禮物經濟中，「死人」及「窮人」因為沒有能力回應他者的道德呼喚，所以也無須承擔任何「回報」的（社會及法律）責任。現在我們必須進一步探討「死者」繼承者的回報繼承問題。泰斯塔說道：「回報的義務『理論上』可以傳遞給他者，但這個人有不履行義務的自由。⋯⋯有回報的義務並不表示一定有義務去履行它；就『義務』這點而言，上述所有的例子都顯示『不一定有義務履行』的相似性」（Testart, 2004: 38）。繼承者（例如「誇富宴」中酋長的兒子）的確有拒絕「父債子償」的執行義務，也的確不會受到法律的制裁，但責任（responsibility）對人的制裁永遠有兩個層次：外在層次（社會及法律的公眾制裁）及內在層次（對他者的愧疚）。在「誇富宴」的社會禮物經濟中，繼承者身為一位「新」的主人在「主人道德」的社會中將會受到族人的藐視而名譽下跌及聲望受損──一項社會的公眾制裁；此外，他也會受到內在他者的譴責而產生無法抗拒的愧疚感（guilt）。

　　德希達說：「愧疚感是源自責任感，因為責任感總是無法自身平等的（unequal to itself）：一個人

永遠有負不完的責任感（one is never responsible
enough）」（Derrida, 1995: 51）。換言之，只要我們活
著的一天（即海德格所謂死亡尚未終結「存有」的
開展視野前），我們都會有一定潛藏的愧疚感，因為
我們無法去滿足對社會上所有他者的責任。但一個
人有「能力」及有「義務」去負起「回報」的責任
時，他（她）卻故意拒絕或拖延其社會責任時，他
（她）同時會受到如幽靈纏繞的內在他者制裁。

　　禮物交換的文化機制與社會信約，本來即是一
種「送」及「回送」的道德性行為，而不是等值物
品買賣或交易的商業行為。商業行為的糾紛可以藉
「法律」來規範與制裁，可是禮物回報的問題則應該
訴諸「道德」（內在與外在）的規範與制裁。泰斯塔
對牟斯的評論缺失即是他試圖把「道德」的問題搬
移到「法律」的框架來討論，再以「內容」無法符
合「形式」的事實，來指責此一「內容」是項「錯
誤」，這樣的指責即是一種「稻草人」式的批評。平
實而言，筆者並不否認，泰斯塔所提的「非義務性」
回報的現象的確存在，是一種牟斯所提的普遍性現
象中所未包含的特殊性，但特殊性的舉證最多只能

「補充」普遍性的不足，而不能「否定」普遍性的存在，或指稱這種「普遍性」是項「錯誤」。

　　猶如，一個人類學家可以在歷史上或現今世界找到一些母系社會族群的特殊性，但卻不能因此而推翻人類父系社會的普遍性。相反地，泰斯塔所提出的特殊案例更能突顯「饋贈回報」作為社會中一種普遍現象的正當性。總之，泰斯塔在〈不確定的回報：評論牟斯〉一文中所強調「不確定的回報」以及「非義務性」的贈予經濟，是泰斯塔佇立在贈予經濟結構中的「物質」、「法律」及「奴隸道德」一端，觀察牟斯整體的論點（社會中「普遍性」、「義務性」及「道德性」回報的贈予經濟）所產生的「偏」見及「誤」解。

　　另外，泰斯塔在〈不確定的「回報的義務」：論牟斯〉（一九九八，二○○四譯版）一文中，區分「禮物」（單向的絕對贈予）與「交換」（雙向的互惠贈予）兩者間的不同，是文中較有說服性的論述，但這個觀點德希達在《給予的時間》（一九九二）中早有精湛的討論。德希達指出牟斯並沒有注意到「禮物」與「交換」之間不對等的關係，也沒有意識

到一個事實：經交換而收到的禮物只是對等互惠，也就是以禮還禮的抵消。「但是，我們強調禮物之間的不對等性，不等於說我們不認可禮尚往來之間的禮物交換。任何人都無法否認有此一禮物交換的現象，也無法否認此一現象的確呈現禮物交換的現象性。但是禮物（gift）和交換（exchange）這兩種價值觀之間明顯的衝突必須被問題化」（Derrida, 1992a: 37）。事實上，禮物經濟中「禮物」和「交換」這兩種價值觀之間明顯的衝突，也正是「解構」式禮物經濟運作的能量來源。

　　禮物經濟之所以成為當代「文化研究」的熱門議題之一，是因為禮物文化中所被呈現的「禮物」，永遠是介於「主人道德」與「奴隸道德」、「物質」與「非物質」、「政治」（法律）與「倫理」（道德）以及「禮物」與「交換」之間的灰色地帶中不斷游動的文化符號。牟斯雖以社會學家的角度，較重視饋贈回報的道德強迫性與普遍性，但他也承認「禮物」一詞沒有明確的意義，可是我們又找不到其他更好的詞彙取代它。他以超布連群島為例說明，他說：鼓舞人們做禮物交換「經濟活動的想法相當複

雜，這個想法既非出於純自發性或免費性的饋贈，也不全然是利己的、功利的生產與交換，它是二者的混合」（Mauss, 198: 996）。他也指出「禮物」的雙面性：一方面它是個毒藥（gift在日耳曼語中具有禮物及毒藥的雙重意義）（Mauss, 1989: 85），「誇富宴」中禮物成為「債務」循環的例子即是一個很好的證明。另一方面，「禮物」也是個良藥（社會中的群體可以用「友誼」與「信約」的禮物經濟方式，取代以往戰爭的屠殺及孤立的冷漠）（Mauss, 1989: 105-08）。「禮物」在交換經濟中「矛盾式」雙重藥性（pharmakon）的探討，正是德希達「解構」式禮物經濟所要面對的問題。

三、德希達的禮物經濟

　　在探討德希達的禮物經濟及上帝的禮物之前，筆者必須指出，德希達在不同時期的結構主義中，對「上帝」或「神」（God）有不同的用法。早期德希達雖然於九〇年前也曾觸及些許政治與倫理的議

題，但均側重形而上宏觀的面向，所以此時德希達常會把「上帝」與後結構主義中文本永遠無法觸及的「最後符旨」（final signified）交替使用。而九○年後德希達有明顯的政治轉向，此時德希達所謂的「上帝」則常與列維納斯的「絕對他者」（the absolute other）或「全然他者」（the wholly other）互用。但不管那一個時期，德希達的「上帝」絕不可被簡單化約為宗教上的神祇或耶和華，也不可被視為形上學的某種超級的實體（entity）或整體的目的論（teleology）。事實上，宗教及形上學「上帝」的論述框架（discursive framework）才是德希達的「上帝」一直要超越及解構的。本章所謂「上帝的禮物」中的「上帝」當然是指晚期德希達的「上帝」。

　　德希達在晚期解構主義論述中，常間接探討「禮物」的議題，例如在《馬克思的幽靈》（1994）、《論世界都市主義及寬恕》（2001）及〈熱忱：一項間接的祭獻〉（1992c）。但以《給予的時間：I 偽幣》（1992a）以及《死亡的禮物》（1995）兩書真正直接建構其解構式「禮物經濟」的論述。前者主要探討贈予（giving）的不可能性（giving is impossible），

藉由牟斯的《禮物》、海德格的《存有與時間》以及李維斯陀、波得萊爾（Charles Baudelaire）與班分尼思特（Benveniste）的論文，檢視贈予與時間的深層關係；後者則關心的是在西方宗教與哲學中道德責任的意義，以及禮物經濟中贈予、禮物與犧牲的矛盾性。在此書中，德希達主要探討的是帕陀卡（Jan Patocka）、海德格、齊克果及列維納斯的作品。

　　至於「經濟」的議題，事實上，倘若我們細心留意德希達的早期作品，如《書寫與差異》、《論文字學》、《論哲學的邊緣性》，可以發現到「經濟」的概念早已像種子般播散。許多學者注意到，德希達是從對巴岱儀「整體經濟」（general economy）的研究中，勾勒出他自己解構的「經濟」模式，《書寫與差異》中〈從限制到整體經濟：一個沒有保留的黑格爾主義〉一文即是明顯例證。巴岱儀在〈整體經濟的意義〉中，區分出局部性「限制經濟」和全面性「整體經濟」概念的不同。「限制經濟」（limited economy）限圍於商業價值，而「整體經濟」（general economy）則延伸到政治及大自然層面。巴岱儀試圖顛覆一般經濟學者所建構的「限制經濟」

（一種以不斷的生產與成長來維持封閉式經濟系統的穩定），他認爲「整體經濟」的能量（如陽光）流動會幫助萬物成長，但大自然中個體或群體的成長均有其限制（如空間）。受限後過剩的能量，必須以非獲利的方式消費掉（戰爭成爲人類歷史中對過剩能量的災難性消費），而消耗最終會帶動地球能量的流動，否則整體經濟體系中的個體或群體都將受害。因此巴岱儀強調我們必須以反理性及不求回報式的消費來維持經濟系統永續的穩定與平衡。他說：「當習慣於活動的目的就是要發展生產能力時，我們會承認製造財富的能量最終是要被浪費（不求回報），而且獲取利益的最終目的是要揮霍利益。強調大量揮霍能量的必要性是違反理性經濟（rational economy）的基本原則」（Bataile, 2004: 20）。

　　德希達說：「無疑地，巴岱儀要質疑的是黑格爾式理智中鏈狀的意義或概念，但這項質疑卻是藉由將意義鏈置入整體中來思考，以避免忽視意義鏈自身內部的嚴謹性」（Derrida, 1978: 253）。他把巴岱儀對「經濟」的區別應用於語言和書寫的理論上，認爲語言的「限制經濟」是一種嘗試去確定所有意

義，所有符號均可以被解釋，也均服從自身的結
構，進而產生語言的結構暴力（totalizing vio-
lence），語言的「整體經濟」則涉及意義的遺失、消
費和剝奪與意義的過剩，進而產生語言的去結構或
抵制暴力（resisting violence），這過剩的部分語義將
由différance（延異）所涵蓋；換言之，différance成
為德希達嘗試勾勒巴岱儀式語言意義的遺失和過剩
的方式之一。德希達進一步感興趣的是語言在其
「經濟系統」中如貨幣般的交換能力，所以他在《論
文字學》中談到：「金錢藉由自身的符號替代物
品。這現象不單存在於單一社會中，更存於文化之
間或是經濟組織之間。這可以解釋為何字母系統
（alphabet）具有商業性質，並且是一種貿易家
（trader），這種概念必須藉由經濟理性的貨幣交換中
被理解。對金錢的評論敘述是對書寫論述的忠實呈
現。在金錢和書寫兩例中，無記名的符號成為取代
物品的替補物」（Derrida, 1976: 300）。因此，德希達
試圖指出金錢與書寫兩者「整體經濟」中共同擁有
過剩式消費與意義性替補（supplement）的符號特
性。

　　德希達於近四十年間帶動許多議題的熱烈討論，牟斯的禮物經濟即是其中之一。他在《給予的時間》花很多篇幅討論牟斯的《禮物》。德希達試著解釋牟斯所提的禮物觀念，及呈現出禮物未曾是純然（pure）或眞實（true）的禮品，並且總附帶一份希望禮物回饋的期望。所以，德希達描述絕對禮物的構思「若禮物有其存在處，此處必須是沒有互惠回報、交換、抵銷禮物或欠債的存在」（Derrida, 1992a: 12）。相較於社會學家或人類學家所討論的禮物經濟，德希達的禮物經濟則是一種「超越」式的禮物經濟（a transgressive type of the economy of gift），也是一種反（或干擾）禮物經濟式的禮物經濟。

　　嚴格來說，德希達是試圖以超越性（transgressive）、純潔性（pure）及絕對性（absolute）的「贈予」道德，來解構泰斯塔及牟斯所探究的社會性禮物經濟，以「存有」與「絕對他者」（上帝）的贈予經濟關係，來「問題化」傳統禮物經濟中的所蘊涵的兩難及矛盾。對德希達而言，純潔無染的「禮物」（the pure gift）永遠是不可能「存在」，因爲，純潔

無染的「禮物」是一種「絕對的」贈予，而不求回報；是一種「純粹的」贈予、而沒有交換；是一種「無責任的」贈予，而互不相欠；是一種「遺忘的」贈予，而「三輪體空」（三輪，即布施者、布施的財物、所布施的對象）[2]（Derrida, 1992a: 10-20）。然而，此種「上帝的禮物」於社會性交換經濟形成後，即成為一種永恆的失落，一種無法言說的神秘，如永恆，如正義，如真理，如美，如希望，如死亡，永遠與「贈與受」的二元流動循環脫勾，成為一種交換經濟外的激進外在體（radical exteriority）。此激進外在體將永遠「反」（或干擾）形而下的禮物經濟。

　　德希達指出牟斯強調對於收到的禮物要 "return to"（回贈）的重要，因為 "returning" 是推動社會間交換經濟運作與流動的要素（Derrida, 1992a: 65）。德希達同意「對於所收到的禮物，所承恩的事／物，和所應回敬禮物的內心召喚，均須抱持負責的態度。也的確必須去對／向收到禮物的回應（answer for/to it）負責。一個人必須對於他贈予和接收的行為負責」（Derrida, 1992a: 64）。然而德希達指

出在禮物經濟的邏輯中，"returning" 並不代表向後的退化（regression）而是向前的運動／革命（revolution），像日月星辰般不斷重複地向前交替與遞嬗（Derrida, 1992a: 65）。事實上，從禮物經濟的邏輯運作的雙向性，我們發現它呈現出德希達在之後所著《馬克思的幽靈》中，提出的幽靈纏繞邏輯（the logic of hauntology）：即具有未來性的「向前」來臨（arrival）又具有歷史性的「向後」回歸（returning），一項回歸、來臨與重複的問題。因為幽靈性的禮物經濟邏輯是「一項重複的問題：幽靈的顯現總是亡魂的回歸。而我們無法控制它的來去，因為它總是藉由回歸呈現其來臨」（Derrida, 1994: 11）。

正如同海德格在〈致人文主義的一封信〉中，針對沙特（Jean-Paul Sartre）的存在主義中的基本教條—存在先於本質（Existence precedes essence）—提出質疑。他認為沙特僅倒轉柏拉圖式「本質／存在」的從屬關係，並未脫離柏拉圖的形上學窠臼。換言之，沙特對存在的自由意志主張依舊是深植於笛卡爾式「主體觀」的一種的人文主義。他僅嘗試

在西方二十世紀中期，基督教與社會主義兩種主流且互相較勁的人文主義派別中，開闢另一以「人」為中心的道路。海德格聲稱：「《存在與時間》的思維在某程度上是反人文主義的，但是這種反對主張並不表示這樣的思維反對與人文並置，並且倡導非人性的主義；也不表示此種思維鼓勵無人性及反對人性的尊嚴。沙特式人文主義被反對的原因是它對於人類的人性定位不夠高（it does not set the humanitas of man high enough）」（Heidegger, 1978: 233-34）。同樣地，我們可以說德希達反對牟斯傳統的贈予道德，是因為禮物經濟是由「存有」視域中「贈與受」（giving-and-taking）的二元結構所建立，對禮物經濟的幽靈纏繞邏輯結構剖析不夠深入。

現在讓我們以「亞伯拉罕的矛盾」（the paradox of Abraham）來介紹及探討德希達「禮物經濟」的論述。德希達提及齊克果在《恐懼與戰慄》書中，議論舊約聖經〈創世紀〉第二十二章中「亞伯拉罕的矛盾」（the paradox of Abraham）：亞伯拉罕在聖經受敬仰的英雄地位，僅次於摩西；他被猶太人稱為國家之父（the father of nations）、以色列生存的保

證者（the guarantor of Israel's survival） 及信仰典範
（the model of faith）。然而，由於他對上帝的絕對信
仰，而產生了所謂的「亞伯拉罕的矛盾」。話說亞伯
拉罕於百歲時才喜獲上帝允諾贈予的獨子——以撒
（Isaac）。時間飛逝，似乎在立談間，以撒在亞伯拉
罕的疼惜與教養下，已長成一個風度翩翩的少年。
就如同父親對上帝的敬仰，以撒也是絕對信任及服
從其父。有一天上帝卻依某項未被揭露的原因要測
驗亞伯拉罕，要求亞伯拉罕犧牲自己的獨子，上帝
告訴亞伯拉罕說：「帶著你的兒子，你的唯一兒
子，你喜愛的以撒，然後到摩利亞去，將以撒當成
燃燒的祭品，在山峰上獻祭給我，我將會告訴你如
何做」（The Holy Bible）。

　　亞伯拉罕把上帝秘密的旨意做為自己的秘密，
不敢告知他人，使這項上帝的要求成為一種雙重秘
密。對齊克果而言，倫理是規範社會中人與人間的
道德關係。所以，亞伯拉罕要對上帝永恆義務盡責
時，就必須踰越社會性的倫理。因為，他是上帝旨
意的唯一「見證者」及「執行者」，沒有任何族人能
理解他要弒子背後的原因或秘密。在他巨大及痛苦

的沉默中（雖然上帝的話已眞實地傳達，但是這些
語意非常模糊），亞伯拉罕承擔了此決定的責任，同
時也使他自己處於無可取代性的孤獨、掙扎、痛苦
及沉默——一種幾近瘋狂的存在。只要他一說出上
帝旨意，這個秘密即進入語言的場域，成爲可以被
置入「公共場域」（public sphere）來爭論的意見，
這等於放棄他對上帝的愛的單一性（singular）和絕
對性（absolute）。因此，齊克果認爲，如果亞伯拉
罕將秘密公諸於世，那麼在用語言述說的過程中，
亞伯拉罕將同時放棄上帝賦予他的自由和責任。

德希達指出，此種對上帝的「絕對責任」中，具
有令人兩難和自相矛盾的本質。因爲，「絕對責任」
暗示著對「絕對他者」（上帝）負責，而此責任永遠
是個「邏輯困境」（aporia）：一方面，亞伯拉罕的行
爲在社會的交換經濟道德中，意指他必須對世間「可
取代性」及「可交換性」的他者們負責；另一方面，
上帝的要求又代表亞伯拉罕必須對「不可取代性」及
對「絕對單一性」的他者（上帝）負責。所以，亞伯
拉罕的矛盾涉及到「存有」（Being）同時面對形而上
「絕對」的倫理和形而下「相對」的倫理經濟時，無

法解決的矛盾。德希達說：「絕對責任不是一個責任」
（Derrida, 1995: 61），而是一項強制的命令，而此種責
任令人兩難的本質來自這項強制的命令的至高無上
性。因此，如果要負起絕對責任，亞伯拉罕就必須違
背世俗的責任，反之亦然。

　　德希達在其他著作中（如《另類標題》及《論
世界主義及原諒》）也常「問題化」人類責任的邏輯
困境（the aporia of responsibility）。例如在《另類標
題》一書中，德希達藉由檢視歐洲長久以來擁有的
國家主義（nationalism）、種族歧視（racism）、恐外
現象（xenophobia）及宗教狂熱（religion fanaticism）
來「解構」歐洲中心主義（Euro-centrism）、反猶主
義（anti-Semitism）及歐洲沙文主義（Euro-chauvin-
ism）。他提出質疑：「某種獨特的東西正在歐洲進
行著，然而，我們卻不再瞭解歐洲這兩字的明確意
義。是的，今天歐洲到底是何種概念？包含那些真
實的人群？又具有何種獨特的實體？該由誰來劃定
其疆域？」（Derrida, 1992b: 5）。

　　在此，德希達提出身為一個歐洲人，永遠具有
一種雙重義務（a kind of double obligation）或「雙

重束縛」（a double-bind）：一方面，做一個有責任的歐洲人，他（她）必須以批評的態度來重思歐洲的歷史與認同；另一方面，若要解構「大」歐洲主義的歷史與認同，即必須放棄歐洲固有的認同並打開雙手歡迎「非歐洲」（non-European）的歷史與認同（Derrida, 1992b: 29）。國家、文化、種族及語言等任何認同均意味著一群具有「相同」歸屬感的「差異」個體組合，使得「認同」自身永遠是一種內在「延異」的現象，而非一成不變的本質性傳統。如何在「延異」的認同中，同時對「自我」的同質性及「他者」的異質性負責，如何遵守全球化的國際法（共同性），同時又不危害本土的經濟與文化（個別性）？用一個簡單的比喻來說：如何敞開雙手歡迎陌生者（他者）到你（妳）家作客的同時，又能保證自己及家人生命與財產的安全？

　　但德希達認為人類責任的「邏輯困境」（aporia）必須在「時間」中解決。誠如同我們在前一章討論解構性正義「邏輯困境」的政治性功能時提到：「一個邏輯困境需要決定（decision）。任何一個人無法一直待在這兩相衝突的盲點，同時這衝突內在具

有不可化約性，因為抉擇當下的切割使得決定總是
暫時的，會有下次被重新決定的可能。未來的承諾
之所以能被確定，是因為時間中總有暫時性正義駐
留的可能性」（Beardsworth, 1996: 5）。亞伯拉罕所
陷入兩難的「責任雙重束縛」，或道德的「邏輯困境」
在於同時有解構經驗的不可能性，又有懸於彼岸那端
「未來應許」（the promise of the future）可能性的矛
盾。邏輯困境需要當下的決定，因此亞伯拉罕最後決
定遵守上帝意旨，「犧牲」他唯一寵兒以撒的生命。
然而亞伯拉罕「邏輯困境」的決定，表面上是「暫時」
解決贈予經濟的邏輯困境，因為贈予的抉擇是倫理行
為，此行為必須在時間中不斷形塑和再形塑。實質
上，它更彰顯贈予經濟背後所覆蓋的另一項經濟的問
題──犧牲的經濟（the economy of sacrifice）。

四、犧牲經濟的矛盾

　　亞伯拉罕為了要遵從並保守上帝的意旨，而決
定獨自帶他兒子到獻祭地點。他帶著預備要焚燒獻

祭物的木材，並把木材放在以撒的肩上，讓他背
行。而他自己帶著火把和匕首。父子二人一起往獻
祭的山頭走去。當他們開始爬山時，以撒開始納悶
問為什麼他們沒有攜帶祭品。他問父親：「我看到
火把和木材，但獻祭的羔羊在哪裡呢？」。亞伯拉罕
為了不要驚嚇兒子而只好說謊：「上帝會自己準備一
隻羔羊獻祭」，以撒完全相信父親，而不再發問。當
他們抵達山頂上，到了上帝吩咐的獻祭處，亞伯拉罕
用石頭搭一祭壇，並把木材放在上面，以撒四處觀
看，他仍然看不到任何一隻羔羊的存在。此時，亞伯
拉罕慢慢地走向他兒子，不發一言地把以撒的手腳綁
在祭壇上。以撒突然瞭解到真實的狀況及自身的處
境，但這次他卻沒有再發問，他完全信任並遵從父
親，即使他必須獻上他自己的生命。以撒成為父親的
絕對犧牲者（absolute sacrifice）：一個被消音的犧牲
者，一個被禁止抗拒死亡及對死亡恐懼的犧牲者，一
個甚至被剝奪提問權利的犧牲者。

　　德希達在〈熱忱：一項間接的祭獻〉一文中，
指出在（宗教等）儀式（ritual）中必定有典禮（cer-
emony），而典禮中必定有祭獻（offering），任何祭

獻又都代表著一種對他者的「贈予」及「犧牲」。亦
即，有禮物贈予的經濟就必定有犧牲的經濟。「眾
所周知，犧牲及犧牲式的祭獻是康德的道德核心」
（Derrida, 1992c: 14），對康德而言，犧牲式的祭獻都
意涵著一種「自我」秘密的病態利益（the secretly
pathological interest），而此種「自我」的利益必須
臣服於道德的規則（the moral law）前。然而，對於
齊克果而言，亞伯拉罕對上帝犧牲性的祭獻（他的
兒子）違反了康德式的社會道德規則，而造成責任
的兩難性。更糟的是，這種責任的兩難性也意味
著，把社會性倫理的實踐等同於上帝的背叛。以往
為了敬愛上帝，我們必須忍受因憎恨俗世義務而帶
來的痛苦，甚至有責任去愛我們討厭的人，甚至是
我們的敵人，若是我們仍然憎恨我們討厭的人事
物，不去壓抑自己的感覺及觀念，這就不算是為上
帝「犧牲」，更不算是一種「贈予」的行為。與齊克
果此一看法相反的是，因為敬愛上帝的緣故，我們
不是去愛我們討厭的人，而是必須去憎恨我們永遠
摯愛的人（例如亞伯拉罕必須恨自己的兒子以撒）。

　　因此，德希達指出憎恨成為因愛而產生的「愛

的犧牲品」。換言之，亞伯拉罕爲了實踐對上帝的
愛，首先，他必須憎恨他對獨子以撒的愛，更難的
是，「他還必須假裝成一個內心充滿恨意的兇手，
讓族人不致懷疑他弒子的動機」（Derrida, 1995:
66）。像莎士比亞（Shakespeare）筆下的哈姆雷特，
亞伯拉罕沉陷於一種兩難的瘋狂——要或不要？甚
麼是對？甚麼又是錯？甚麼是該？甚麼又是不該？
殺獨子來愛上帝是不是一種犧牲？而違背上帝去愛
兒子是不是另一種犧牲？亞伯拉罕的矛盾同時也是
「信仰主體」存在世間犧牲經濟產生的矛盾。然而，
對上帝絕對的愛及絕對的責任，亞伯拉罕必須犧牲
獨子的生命並成爲世人眼中的邪惡殺人犯。德希達
認爲從「存有」（Being）的角度來看，愛與恨的矛
盾無法在自我存在的時間，或一般理性邏輯內被理
解，因爲這矛盾是無法被化約成存有「在場」的意
義。當一個人必須忠於絕對責任時，他（她）必定
踰越根植心中的歸屬感及明確的倫理秩序。這矛盾
「必被承受於作決定的那一刹那」（Derrida, 1995:
66），而這一個決定的刹那瘋狂將摧毀理智在意識國
度的主宰權。德希達試著呈現「責任」這字意義的

衝突性及兩難性在社會上比比皆是。在世間的贈予
經濟中，每一個人的道德標準均有侷限性，導致沒
有任何原則可以適用於每一個時／地的狀況。所
以，當一個人將愛給予迎面他者時，他（她）即剝
奪了其他人能接受這愛的可能性。換言之，當一個
人同時面臨「眾多」他者臉龐的訴求時，即面臨一
個兩難的問題。「自我」到底又能為「他者」開放
及犧牲自己到何種程度？

　　在《死亡的禮物》（*The Gift of Death*）中，德希
達借用海德格論「死亡」的一段話，進一步討論犧
牲與贈予經濟的議題：「沒有人能取代我自身的死
亡，相同的，我也無法取代他人的死亡」（Derrida,
1995: 42），職是之故，「死亡永遠不能被拿取、借
用、轉移、投遞、承諾或傳送」（Derrida, 1995:
44），意即死亡的不可替代性是全面性的。這種「無
法取代性」（irreplaceability）是（自我）犧牲得以成
立的基本條件。例如，我可以替他人赴死，但我卻
無法使他（她）免於死亡的可能，或賦予他（她）
永生。所以，犧牲經濟中「自我」的絕對犧牲是對
自身一種死亡的管理與選擇，「有限生命的凡人

（mortal）只能贈予有限生命（mortal）的東西，因為除了永生（immortality）之外，贈予任何東西都是可能的」（Derrida, 1995: 43）。職是，在贈與受兩端間流動的交換經濟中，死亡是一個生命交換機制外的絕對外在體，死亡只能藉由自身承擔死亡，才對「我」賦予意義。所以，亞伯拉罕也無法在贈予經濟中以犧牲自己的生命來取代兒子以撒的死亡。

　　對海德格而言，自我是在了解死亡的不可取代性情形下產生「存有朝向死亡」（being-towards-death）。換言之，死亡是時間對生命的必然「期待」（anticipation），是人類存有的時間永遠無法超越的先驗性視域（the transcendental horizon of human temporality）。存有在世間的任何意義均是由「無法超越性」與「無法取代性」的死亡所賦予。因此，只有當「此在」（Dasein）能理解自身必然的「期待」，為他人赴死才有犧牲的意義。列維納斯抨擊海德格哄抬了自身死亡的意義，他認為「存有」不能把死亡當作自身對應的「非存有」。換言之，海氏本體導向的存有論述是把絕對他者視域中「死亡的贈禮」嵌入（inscribe）在「存有」的視域（Derrida

1995: 47）。對列維納斯而言，死亡是生命「無法取代性」的贈禮，具有絕對他者的道德性，不該被存有的本體論視域所同質化或納編。德希達在此書中宣稱「死亡」、「正義」與「禮物」有著相同的本質——絕對的單數（absolute singular）。簡言之，因為這三者的「不可能性」，使得各自形而下二元結構的交換經濟（如給予與接受）運作具有「可能性」（Derrida, 1995: 35-52）。

牟斯在《禮物》結論中指出愛默森（Ralph Waldo Emerson）〈關於禮物〉一文非常中肯地批評了日耳曼人式的禮物贈予道德（Mauss, 1989: 87）。事實上，愛默森在《自然》中曾宣稱人及世界萬物均是上帝自身的作品（works of god）之故。職是，一個人要認真去傾聽大自然及內心深層潛隱的聲音，因為那都是一種上帝真實的聲音。德希達也說：「如果上帝即是絕對的他者，一個完整的他者，那麼每個世間的（單一）他者均具有（些許的）他者性」（Derrida, 1995: 77）。他指出，這一假設產生了一個犧牲經濟的另一矛盾，而此一矛盾將同時矛盾地「瓦解」又「鞏固」齊克果基督教式的道德

責任：一方面，因為我們每一個人都是一個無法被
化約的單數，同時又是一部分上帝的存在，那麼當
亞伯拉罕背叛及犧牲他兒子、妻子及族人時，不也
同時背叛及犧牲了上帝？並也同時背叛了「汝勿殺」
（"Thou Shalt Not Kill"）的上帝聖令。然而，另一方
面，德希達指出齊克果對社會性倫理的質疑，具有
一項「鞏固」基督教式道德責任的效益：因為每個
人的內心深處都期望，從每一個「他人」身上得到
像亞伯拉罕般絕對的信任。這種現象是一種單一秘
密的共同分享，一種信仰的未知性和不確定性，一
種犧牲美德的矛盾。

　　所以，德希達說，倫理的社會性將永遠被此犧
牲經濟的矛盾所干擾。至此，我們可以提出列維納
斯對齊克果解讀亞伯拉罕的矛盾反對的理由。首
先，列維納斯的倫理觀明顯有別於齊克果。對於齊
氏而言，倫理是個普世性的道德，並且不斷要求
「自我」為人們犧牲。但是對列維納斯而言，倫理是
「自我」對「他者」所背負著的絕對責任。一般倫理
將「自我」融入社會性的交換經濟中，而列維納斯
認為倫理是不斷將「自我」置於「絕對他者」的面

前，接受無條件的質詢與要求。第二，齊克果視上
帝和亞伯拉罕的交會為宗教上的交換經濟，凌駕於
倫理。列維納斯的看法則是這件與神交會事件中，
最具戲劇張力時刻是亞伯拉罕拿出預備的匕首來結
束其子的生命時，上帝突然派天使阻止了獻祭，免
除了亞伯拉罕持刀弒子的人倫悲劇，上帝並將亞伯
拉罕帶回世間的贈予倫理。

　　事實上，在聖經中能通過上帝「邏輯困境」式
測試的子民，都將獲得其損失的千百倍補償，換言
之，遁隱在犧牲經濟中的內在交換邏輯是一種「回
報」及「救贖」的可能，〈約伯記〉（The Book of
Job）中約伯被上帝測試及補償的故事是另一著名的
例子。德希達在《死亡禮物》一書中，就進一步把
犧牲經濟解構式觸角伸展到基督教文本中「救贖的
經濟」（economic of redemption）來討論。德希達認
為，上帝給亞伯拉罕的犒賞，千百倍地補償亞伯拉
罕最初的投資（他犧牲人間的父子情），這千百倍補
償是藉由無限的、天上的、無可估量的、內在的和
秘密的回報。對德希達而言，俗世和宗教的禮物經
濟似乎僅僅代表一種內在和超越式的經濟，兩種經

濟（俗世和宗教）形貌相近，只不過貨幣不同（世俗的生命對應宗教的信仰）。如果投資將有所回報，天國的回報將是最好的交換和利潤。但是在宗教天國經濟中什麼是最初的投資？一份願意獻上他人的生命（例如：自己的孩子或陌生人的生命）？德希達對齊克果《恐懼與戰慄》的論述，似乎指出上天要求一份對應於救贖的恐怖祭品，並且對上帝的責任似乎先要犧牲另一種對他人的責任。「我無法回應這召喚，要求義務，甚至對他人的愛，如果我不犧牲其他他者（們）」（Derrida, 1995: 68）。

　　亞伯拉罕兩難的道德困境及矛盾的犧牲性奉獻，彰顯出傳統禮物經濟的謬誤與完整的不可能性。德希達在《給予的時間》（*Given Time*）指出世間並無任何「禮物」存在；在禮物的循環交換經濟中「沒有一個禮物可以使自身成為一個禮物」（Derrida 1992a: 29）。因為，禮物是一種贈予行為的產物，它必須如同愛默森所言，不能建築在「互惠原則」（the principle for reciprocity），或像英文慣用語中所稱的印地安人式的贈予者（an Indian giver）：總是「施恩求謝」及「贈予求報」，而應該

是一項自然的、分享的、美好的、正直的及超越主
人道德及奴隸道德的給予，此種贈予而不求回報的
意念方能使禮物自身成為一真正、完整、純潔及美
好的禮物；亦即是一個單一性（singular）及絕對性
（absolute）的禮物。而此種人與人（或與神）之間
自然且絕對的贈予意念，正是開啟婆娑世界中禮物
經濟的濫觴。然而，德希達指出這個「起源」式的
禮物於交換經濟形成後即成為一種永恆的失落，永
遠脫離施與受的二元流動循環，成為一種交換經濟
外的他者或激進外在體（radical exteriority），這個
外在體也可被視為拉岡式永遠失落於「象徵界」
（the Symbolic）的小對體 a（objet petit a），僅存於
神秘無語的「真實界」（the Real）。

　　然而，「在交換循環的成規邊界上所滿溢出來
的禮物（如果它存在的話），不會成為一個簡單及難
以形容的外在體，進而與運作中的禮物經濟完全脫
離連結及關係，因為世間的禮物經濟還須依賴這外
在體方能持續運作」（Derrida, 1992a: 30）。猶如條文
法律永遠不可被化約為正義，冊載歷史永遠不可被
化約為史實，形而上哲學永遠不可被化約為真理，

宗教永遠不可被化約爲信仰般，政治永遠不可被化約爲絕對的倫理，然而，前者卻是後者在特定時空下再現的藝術。易言之，失去對正義的追尋，法律即無須再修正、補充或制定；失去對史實的追尋，冊載歷史即可以從此封存；失去對眞理的追尋，哲學就成爲言不及義的夢囈；失去對信仰的追尋，宗教將淪爲怪力亂神的權力場域；而失去對倫理追尋，政治就不再具有解決當下問題的規範與指引。所有形而下任何經濟體系運作所須的「在場性」引擎，均須仰賴某種形而上、外在的、絕對的、他者性的「不在場」燃料（激進外在體）方能「啓動」及「運轉」，德希達的禮物經濟系統也不例外。此種由贈與受交換體系外絕對禮物所運作的經濟，是依循德希達所稱的「理性原則」（the principle of reason）而非「互惠原則」，即使此原則發現自身源頭與極限並存的矛盾現象（Derrida, 1992a: 31）。

　　如果上帝是德希達所謂永遠脫離人類無盡延異符號體系的最終符旨（the final signified）或列維納斯所謂永遠無法被「理智化約」及「語言定義」的「絕對他者」，那麼，亞伯拉罕的矛盾所造成道德兩

難的瘋狂，就可以被理解，因為亞伯拉罕想給予上帝的愛，即是禮物經濟外，絕對性及純潔性的禮物，而此禮物贈予的代價是必須犧牲親生獨子的生命，與自身對他的愛。更反諷的是，一方面，即使亞伯拉罕將獨子的生命獻給上帝，他還是無法給予他對上帝的愛，因對上帝的愛是一種絕對的債務，一種永遠無法償清的債務。另一方面，他對上帝提出的需求又沒有回絕或漠視的能力，他所承擔的是一種使命式的絕對責任。在此種絕對性倫理與社會性倫理矛盾並存的經濟中，沒有任何禮物的贈予，是可以使自身成為自然、歡愉、分享及純潔的禮物。或者從拉岡的心理分析角度來說，沒有任何禮物可以真正滿足主體在禮物經濟體系（「象徵界」）中對絕對性禮物（「真實界」的小對體 a）的追尋「慾望」，正是這種對小對體 a 的「匱乏性」慾望，使主體的主體性（「象徵界」的符號系統）能夠永遠運行。

五、「矛盾」作為上帝的禮物

最後，完成以「亞伯拉罕的矛盾」為軸心，對德希達「禮物經濟」中各項「矛盾」現象的檢視後，我們將藉由追溯「矛盾」（paradox）這字的字源，試著呈現「矛盾」此一詞在德希達「禮物經濟」中具有如同鳳凰撲火時重生的意義。亦即「矛盾」賦予自身難題時，同時也肯定了「解答」的可能性。在表面意義上來看，「矛盾」意指兩個對立意義的同時並存，在中文的典故上，我們知道是有一市集商人，虛誇自己賣的矛可以射穿任何的盾，並且他的盾可以擋住所有的矛。因此當有人問道：「那麼我用你的矛射你的盾會有甚麼結果？」。「矛」與「盾」的並存現象，即是個「邏輯困境」（aporia）。職是，在中文的語言系統中，「矛盾」這字的語源有「自相矛盾」的意義。而西方paradox也有此一相同現象，此字來自兩個希臘字的合併：para，意指「之上」（beyond）；和doxos，意指「信念」

（belief）。「矛盾」暴露意義與邏輯的死胡同時，它也反諷地暗示一個超脫此困境的機會，一個開啓舊有信念（belief）之上（beyond）的豐富新義。舉例來說，亞伯拉罕的矛盾兩難提供許多思想家發言的立場，來重新探討人類道德所面臨的兩難困境，這是一種尼采式不斷的自我超越，凌越了柏拉圖式「再現」的封閉的視域。事實上，每一位尼采「例外者」（偉大的思想家、聖人、藝術家）或歷史上有創見的科學家（如牛頓、愛因斯坦、霍金斯）均是站立在前一個例外者的肩上（boundary），才能超越前者的視域而看見另一片嶄新的天空。換言之，我們必須挑戰現今「時空」理念中的界限（boundaries），而不是對抗先驗性眞理的極限（limit）。

康德在〈論數學和自然哲學〉一文中即嚴正指出「人類理性容許自身的極限（limit），但卻不承認有絕對無法理解的界線（boundary）存在。簡言之，理性能接受某事物存於理性之外（如上帝），存於理性無法所及之處，但在界限內，理性將可在內部的進展中任何一點發現其自身的完整性（it will at any point find completion in its internal progress）」

（Kant, 1857: 248）。由此觀點，筆者認為在介於上帝的禮物（如正義、真理、美、希望、死亡、善、愛、友誼及靈魂等）和交換經濟中流動的禮物（任何在世間對前者的再現，如法律、科學、哲學、美學、藝術等）之間，呈現出人類理性可克服及跨越的界線（boundaries），和不可跨越的極限（limit）之間不可化約的裂隙（hiatus）或鴻溝（gap）。而這隱藏的差距是永遠無法被填補（filled）、消除（effaced）或跨接（bridged），因為兩者之間（between）和之上（beyond）不僅是一種先驗體（a priori）也是一種絕對的他異體（absolute alterity）。如此一來，理性真正的成功不在於建構其自身整體性的成果（例如形上學或科學），而是在於它是人類自相矛盾的欲望和憧憬中，持續質疑自身的界限（boundaries）以便在矛盾中極力觸及那遙不可及的極限，而不斷提升自我的視野，在自身的進展中發現其新的完整性。我們可以說「矛盾」也正是德勒茲（Gilles Deleuze）所稱人類生產「去疆域化」（de-territorilization）動能的欲望機器（desiring machine），所仰賴的內在動力結構。

　　在談論過para-doxos此字的字源意義和康德對理智的界限和極限的區分後，筆者相信上帝給予人類的眞正禮物，不是形而下牟斯所討論交換經濟的禮物，也不是列維納斯永恆失落於形而上天空的禮物，而是在前者（界限）之上（beyond）與後者（極限）之間（between）的空間中一種來臨式（to-come）的禮物，一種上帝贈予於para-doxos自身的禮物。若理智自身不是個矛盾的慾望生產機器，亞伯拉罕的矛盾兩難是無法勾勒出人類理性之上有何種的「絕對他者」的要求。事實上，「矛盾」彷彿是一片籠罩的烏雲，但烏雲中總蘊涵著一道銀色美麗的陽光，那是上帝給予人類最美麗的禮物。

　　因此，亞伯拉罕的「矛盾」可以視爲上帝對亞伯拉罕的一項試驗，試驗他能否在幽靈性的禮物（及犧牲）經濟邏輯纏繞下，能否在滿天沉重烏雲覆蓋下及「落後」時間中，面對兩難的瘋狂，仍然有能力作決定去回應絕對他者的呼喚，使他能在作決定的那一刹那，望見班雅明式「救贖」的可能——如一道銀色的陽光在決定的刹那間閃爍照明（illu-mination）於他眼中。而我們可以說，就是這種必須

在「時間」開展中解決的「矛盾」，確保一個不斷可以重新書寫人間禮物交換道德規則的可能性與動力。它不屬於絕對他者的形而上式「極限」或世間相對他者的形而下式「界限」，而是在兩信念（two doxoses）之間幽靈般的神秘空間，所以能不斷踰越於二元對立的界限，抵制對立（resisting opposition），永遠處於對立的第三空間：介於經濟和非經濟、對與錯、犧牲與背叛、禮物與交換、整體經濟與限制經濟、上帝與其子民、在場與不在場、得與失、贈予與接受之間的視域。更精確地說，它只存於脫離連結（out-of-joint）和即將來臨（to come）所拓展的歷時性和共時性視域。這是一個救贖（redemption）的視域，一個轉變（transformation）的矛盾視域，一個延異（différance）的視域。基於以上的論點，我們可以更確定的推測禮物經濟的視野（horizon）是一個由現實和想像共相形塑的一個「矛盾」界域，由延續（continuation）和斷裂（break）共組，由「自我」和「他者」並存。

　　「亞伯拉罕矛盾」標明此一個無法決定的共存空間（in-betweenness），就如同我們眼睛所能看見的海

（地）平線（horizon），它並非是一條直線，而是地球與宇宙之間「無盡」的空間，一種等待開展的祕密，一種無盡來臨式的視域，一種救世主式的救贖。所以說，亞伯拉罕「矛盾」的視野並非一條僵直封閉的地平線，而是如同後結構文本疆界──不斷向新的符號界限及新的禮物贈予道德流動。對屬於後現代情境（boundary）的我們而言，似乎仍以工具理性（technical-rationality）為主，建構社會「禮物經濟」中個人的主體，常忽略了藝術與道德的價值理性（value-rationality），我們如何適時的建立「合乎時宜」的現代人「贈予德性」或「禮物經濟」，應是當務之急。

　　當然，全球化交換經濟的禮物道德（如網際及媒體中禮物的交換經濟）將不斷被闡釋，不斷被重新界定，不斷被重新書寫，並且在一個即將來臨的視域中和其他全球化社會文本互涉和對話，以便開拓另一片嶄新的天空。我們可以說，德希達的「解構」式的禮物經濟即在挑戰既有禮物經濟的界限，是一種尼采式自我挑戰及超越的「永恆回歸」現象，在介於人類與上帝之間的超人（übermensch）

視域中持續播散「差異」，干擾固有的及制式的禮物
經濟道德。這界限會因「矛盾」的存在而不斷地向
自身突破和開放，向不可知的界限邁進。如此一
來，人世間禮物經濟中「矛盾」所創的新局，將不
斷掙脫出既有道德的疆界，而總是朝向那未知的
「之上」（beyond）天空開展，指向不可及的「那邊」
（yonder）。

六、禮物經濟的解構美學

　　最後，我們將以禮物經濟的解構藝術作為本章
的結論。gift這個傳統在社會學「界限」（boundary）
內流動的概念，不小心跌入解構「延異」的後現代
魔幻時空，憑藉著其符號本身高度的適應性、旺盛
的繁殖力和敏捷的飛翔力，不斷飛出語言「在場」
的「界限」——在德文中，gift被嫁接（graft）「毒
藥」的涵義，使gift展現出其一種非特定或單一的屬
性，同時是良藥和毒藥，藥在此是兩種藥性的衝
突，卻又互相依存，一種無法確定的雙重藥性（良

／毒），gift因而得以穿過意義的裂縫，飛出禮物經濟中好／壞的二元框架。在中文中，gift演化成道德「禮」節之「物」品，被稱爲「禮物」，充分突顯出gift是「倫理」與「物質」這兩種不同邏輯的矛盾並存，使gift得以在「禮」與「物」之間不斷交配、混血與繁殖，成爲人類「倫理」關係中無法被具體化及簡單化約的「物品」，因此「贈予」與「接受」彷彿是gift符號的雙翼，載著gift在交換經濟中不斷延異與翱翔，飛出精神／物質的二元框架。在英文中，gift最具「解構」的繁殖性與飛舞性，因爲gift可以被交互取代的近親符號是present（禮物），而present的意義又可同時延異成「現在」（now-ness）（時間的在場性）及「在場」（here-ness）（空間的在場性）。然而gift的眞諦卻又是「交換經濟」時空中永遠「不在場」的激進他異體（radical exteriority）。因此，gift並非僅是被動地浮載於「交換經濟」螺旋形旋轉河流表面上的物（商）品，它更是這河流自身內在的矛盾結構。gift因而在自身內在時空錯置的魔幻情境中，現出隱藏的臉龐：一種「邏輯困境」（aporia）、一種「矛盾」（paradox）、一種「兩難」（dilemma）、一種「自身」

（as such）、一種「蹤跡」（trace）、一種「不可能的可能」（impossible possible）。

德希達認為在禮物經濟中gift是藉由自身無盡的消解（gift annuls gift）來構成禮物經濟的流動。那麼，應是後現代多元及去中心論述充分催化gift的符旨，迫使每一個時空傳統「在場」gift的符旨在「不在場」激進他異體gift的意義強烈擠壓及衝擊下，將gift自身符號的潛能發揮極致，從而釋放出gift所蘊涵最豐富、最多樣、最陌生及最鮮明的符旨。gift在後現代「眾聲喧嘩」不斷開展的視野（horizon）中，繁殖為一個充滿張力性、戲劇性、千般飛舞、鳴叫、跳躍、熱熱鬧鬧的新新符號族群，稱為「禮物經濟」論述。

唯美、唯善及唯真的上帝禮物，僅在人間以詩、以歌、以畫、以音樂、以哲學、以科學、以宗教等不斷再現。因此，德希達的禮物經濟中「解構」式的禮物不但是一項倫理（道德）的問題，更是一項「美學」（藝術）的問題。我們如何適時的建立超越式合乎時宜的現代人「禮物經濟」，永遠也是「再現美學」的問題。亦即，如何在形而下無止盡開展

的視域中，及無限循環的禮物經濟中，回報「形而下」（世間）他者們（親朋、好友或家人）以及「形而上」絕對他者（上帝）的禮物，永遠不是一種等值「交換價值」的饋贈契約與法則，而是一種在禮物經濟中再現的「藝術」問題。例如，當你（妳）接受禮物後，要回送什麼禮物？怎麼包裝禮物？什麼時間回送？什麼地點回送？回送時要講什麼話？怎麼送？這些問題永遠是種「形而下」禮物經濟中「回報」的藝術，而非僅是如同交易行為般機械性的回贈同值的物品。

　　至於，對「絕對他者」（上帝）禮物的回贈，則更是一種德希達在〈熱忱：一項間接的祭獻〉中一直強調的「熱忱」（passion），一種不斷追尋「秘密」（有關失落禮物）的熱忱，「在絕對秘密中必將包藏著一種熱忱。沒有熱忱就沒有秘密」（Derrida, 1992c: 22-23），而沒有秘密也就沒有藝術的可能，因為藝術（例如，對上帝失落禮物的再現藝術）是一種對未知秘密追尋的熱忱所產生的創造力。追尋失落的熱忱永遠潛藏在人性的底層，而產生人類文明中禮物再現的藝術。（上帝）禮物之所以是禮物

即是它贈予了我們不可能給予的東西。由於人世間
「眞善美」或「正義」永遠是「尙未來臨」或「即將
來臨」的（上帝）禮物，而人性追尋「眞善美」及
「正義」的責任又是一種無盡熱忱或內心呼喚所支撐
的絕對性，禮物交換的藝術就不再僅是「交換」的
重複，而是迎接「禮物」的來臨。職是之故，我們
可以說德希達作爲一位尼采式的「例外者」，其所有
「創造」出來的解構論述，即是他贈予當代思潮的禮
物。然而，如果解構主義具備有一套經濟體系，那
它應然是一套「超越性」及「解構式」的禮物經
濟，在永遠來臨式的視域中不斷地贈予。事實上，
德希達對一種絕對禮物的追尋，使他與在他之前的
哲人（如尼采）佇立在相似的人類思想山峰上，不
斷超越山下價值評估的成規（transvaluation）及禮物
交換的經濟。

　　誠如德希達曾一再強調：解構主義並不是一整
套理論或是一個方法學，而是尼采式對既有價值的
標準超越，更是一種不斷回應他者道德呼喚的政治
藝術。德希達的絕對禮物／解構主義的精神將在世
間不斷地向更眞、更美、更善的視域播散。哲人已

故，「禮物」猶在，德希達留給我們的禮物，也將成為我們永遠無法清償的債，同時也是一種繼承的責任，一種須不斷在界限與極限之間回應絕對「他者」的責任，讓我們的「存有」可以在自身的不斷進展中（in its internal progress），有機會望見上帝的禮物於瞬間乍現眞、美、善的完整性。

註釋

1 「經濟」這一詞在後現代論述中用來比喻在語言的符號遊戲中「產生差異的差異」，一種造成差異化的運動。亦即是，經濟是一個開放的意指系統，使得意義在差異間循環，而不落於「同」的封閉狀態。甚至，經濟保持某種程度上的不對等，如此一來它可以在意義不斷的區分（differing）和延宕（deferring）間促使意義繁殖交換。德希達堅持「沒有任一個經濟脫離得了延異效應」（Derrida, 1981: 8）。

2 佛學與德希達的解構論述雖然是完全不同性質的論述，但兩者之間仍有些相似處，如兩者均強調世間萬物沒有起始（the origin）也沒有終點（the final signified），一切均是因緣合和的無盡延異（différance）。佛陀在《金剛經》中解說布施的意義，簡言之，所謂「三輪體空」，就是施者、受施者及所施之物，行施後，此三輪相，不存於心〔也就是德希達聲稱禮物與贈予的基礎是「遺忘」（Derrida, 1992a: 18）〕。亦即，無我相、無人相、無眾生相、無壽者相的贈予。此外，布施又可分為三種：分別是財施、法施和無畏施。

參考書目

Beardsworth, Richard (1996). *Derrida and the Political.* London: Routledge.

Bataille, Georges（2004）。〈整體經濟的意義〉。許智偉譯。《中外文學》，33(6)，頁 17-32。

Derrida, Jacques (1995). *The Gift of Death.* Trans. David Wills. Chicago: Chicago UP.

Derrida, Jacques (1992a). Given Time: I. *Counterfeit Money.* Trans. Peggy Kamuf. Chicago: Chicago UP.

Derrida, Jacques (2001). *On Cosmopolitanism and Forgiveness (Thinking in Action).* Trans. Mark Dooley and Michael Hughes. London: Routledge.

Derrida, Jacques (1976). *Of Grammatology.* Trans. G. C. Spivak. Baltimore: Johns Hopkins UP.

Derrida, Jacques (1982). *Margins of Philosophy.* Trans. Alan Bass. London: Harvester Wheatsheaf.

Derrida, Jacques (1992b). *The Other Heading: Reflections on Today' s Europe (Studies in*

Continental Thought). Trans. Pascale-Anne Brault
and Michael B. Naas. Bloomington: Indiana UP.

Derrida, Jacques (1992c). "Passions: 'An Oblique
Offering.'" *Derrida: A Critical Reader*. Ed.
David Wood. Oxford: Blackwell. pp. 5-35.

Derrida, Jacques (1981). *Positions*. Trans. Alan Bass.
Chicago: the U of Chicago P.

Derrida, Jacques (1994). *Specters of Marx: The State of
the Debt, the Work of Mourning, and the New
International*. Trans. Peggy Kamuf. New York:
Routledge.

Derrida, Jacques (1978). *Writing and Difference*. Trans.
Alan Bass. Chicago: Chicago UP.

Emerson, Ralph Waldo (1950). *Complete essays and
other writings of Ralph Waldo Emerson*. Ed.
Brooks Atkinson. New York : Modern Library.

Heidegger, Martin (1962). *Being and Time*. Trans. John
Macquarrie and Edward Robinson. Oxford:
Blackwell.

Heidegger, Martin (1978). "Letter on Humanism."

Basic Writings. Ed. David Farrell Krell. London: Routledge. pp. 213-66.

The Holy Bible. New International Version. Colorado: International Bible Society, 1984.

Kant, Immanuel (1857). *Prolegomena to Any Future Metaphysis*. London: Macmillan.

Kierkegaard, Soren (1974). *Fear and Trembling (Penguin Classics)*. Trans. Walter Lowrie. Princeton: Princeton UP.

Marx, Karl (1990). *Capital*. Ed. Friedrich Engels. Chicago: Britannica.

Marx, Karl (1988). *The Economic and Philosophic Manuscripts of 1844 Karl Marx and the Communist Manifesto*. Trans. Martin Milligan. Great Books in Philosophy Series. New York: Prometheus.

Marx, Karl (1973). *Grundrisse, Foundations of the Critique of Political Economy*. London: Penguin.

Mauss, Marcel （1989）。《禮物：舊社會中交換的形式與功能》。汪珍宜、何翠萍譯。台北：遠流出版公司。

Nietzsche, Friedrich (1990). *Beyond Good and Evil: Prelude to a Philosophy of the Future*. 1973. Trans. R. J. Hollingdale. London: Penguin.

Nietzsche, Friedrich (1996). *On the Genealogy of Morals*. 1887. Trans. Douglas Smith. Oxford: Oxford UP.

Testart, Alain （2004）。〈不確定的「回報的義務」：論牟斯〉。黃惠瑜譯。《中外文學》33(6)，頁33-50。

第三章 幽靈纏繞邏輯與反全球化

一、馬克思幽靈的繼承

一個幽靈——共產主義的幽靈——正纏繞在歐洲。所有舊歐洲權力系統已聚集成一個神聖聯盟（holy alliance）以驅逐（exorcise）此一幽靈。（Marx and Engels《共產主義宣言》, 1975: 222）

但無論如何與某種馬克思主義的觀點有共同的地方：它不一定是僵化教條的馬克思主義，也不一定就是二十世紀轉化成政治話語的馬克思主義，而是某種關注物質性、關注人的動物性的歷史、尤

其是關注技術歷史的馬克思主義之精神
（Derrida, 2004: 25）。

　　後現代情境中，受壓迫的「他者」急迫地控訴
各種不正義及不公平的現象，造成一種幽靈纏繞的
「全球化」現象，突顯出一種幽靈性（spectrality）
潛伏於當代文化、政治、歷史、種族、性別、文學
的危機中，要求對被消音的「他者」負責。因此，
在後現代批判性評論中，幽靈和纏繞這類的修辭與
論述逐漸受到文化理論家及作家的歡迎，此現象表
達的不外乎是一種企圖與亡魂溝通的政治與倫理欲
望；同時亦是一種嘗試質疑一些已被生存者視爲理
所當然的不義現象。筆者注意到邇近二十年後現代
文化和文學研究中，有一種可稱爲「幽靈批評」
（Spectral Criticism）或「批判性幽靈主義」（Critical
Specctralism）已逐漸形成一種獨特後現代的新氣候。
雖然目前並非是一個嚴謹的「學派」（school）或「理
論」（theory），但未來一、二十年間可以預見其論述
強度、速度和重要性將會在當代批判理論與文化（文
學）實踐的論述中不斷加強。而當今引領此股「幽靈

批評」潮流的，可以說就是德希達晚期解構主義的代
表作：《馬克思的幽靈：債務國、哀悼的工作及新國
際世界》(*Specters of Marx: The State of the Debt, the
Work of Mourning, and the New International*)。

　　九○年初期，當建構複雜多元後現代理論的學
者（如李歐塔、傅柯、德勒茲、瓜塔里、布希亞）
均已辭世或引退，德希達卻再度以《馬克思的幽靈》
一書勾勒出那飄忽纏繞於後現代文化和文學研究邊
界中的幽靈性，並向馬克思借「魂」，使已顯老邁衰
竭的解構主義「去老還童」，以政治轉向的解構主
義，向當今資本主義導向的右派民主政治挑起戰
火，再度引起當代各派理論的側目與爭論：高呼叫
好或為其論述闡述說明有之，嚴詞譴責或提出質疑
亦有之[1]。為何我們需要重新思索及書寫關於／屬於
／對於／助於（馬克思）幽靈的原因？因為幽靈即
非「存有」，亦非「非存有」；即非「在場」，亦非
「非在場」；即非「真實」，亦非「非真實」──幽
靈弔詭的存在及其魂兮歸來不斷干擾主體，迫使我
們去面對及思考介於真實與不真實，存有與非存
有，文本與現實，過去與未來，自我與他者之間的

解構性，以便能在傳統知識論與主體論之外另闢一
新的視野。

　　本章主旨在爬梳整理德希達晚期有關幽靈批評
的論述，並解析德希達爲何可以「繼承」馬克思龐
大的政治遺產？什麼是晚期解構主義主打的政治概
念：幽靈纏繞邏輯（logic of hauntology）？它與德
勒茲的「差異與重複」又有何異同？幽靈纏繞邏輯
如何詮釋當今的反全球化現象？德希達又如何借用
生物學中所探討的「自動反免疫」（auto-immunity）
現象來檢視反全球化現象中「恐怖主義」的問題？
職是之故，本章的內容將分爲四個主要章節來討
論：(1)馬克思幽靈的繼承；(2)解構幽靈的纏繞邏
輯；(3)纏繞邏輯的正義、差異與重複；(4)幽靈纏繞
與反全球化。

　　《馬克思的幽靈》所掀起「擁解構」及「反解
構」的激戰中，尤以後馬克思主義學派，不敢輕視
德希達對其宗師魂魄的「挪用」。一時之間，掌聲與
噓聲同時響起。可想而之，第一個拍案叫好的即是
解構／馬克思的後殖民女性主義者：史碧娃克
（Gayatri Chakrovorty Spivak）。史碧娃克許多年來，

一直試圖結合解構主義與馬克思主義，以期對後殖民、後資本及女性被壓迫等現象提出深度的解析與批判。因此，在對德希達《馬克思的幽靈》一書評論的文章＜鬼魂書寫＞（Ghostwriting）文中，即歡欣鼓舞地寫道：「德希達撰寫《馬克思的幽靈》是一件令人欣喜的事。長久以來，解構主義被不讀原文的評論家誤以為是政治的虛無主義。因此，由解構主義創立者提出他對馬克思的詮釋是具有特殊意義」（Spivak, 1995: 66）。史賓克（Michael Sprinker）在其編輯《鬼界：德希達＜馬克思的幽靈＞研討會》的序言中亦開宗明義地指出：《馬克思的幽靈》的確滿足了部分理論家對德希達的期盼：期盼他能以其對柏拉圖、盧梭及海德格等哲學家經典論述焚膏繼晷之研究精神，來直接面對並詮釋馬克思主義與解構主義之間的關係（Sprinker, 1999: 1）。

　　然而，對解構主義而言，歡迎的掌聲並不孤獨，噓聲卻也從未曾缺席。噓聲中最為尖銳的，應該是英國馬克思主義學者，伊果頓（Terry Eagleton）。他以＜無馬克思之馬克思主義＞一文攖其鋒，攻其中，正面應戰，毫不留情地譴責德希達

以反後資本主義之名，行「狸貓換太子」之實。他認為德希達繼承馬克思幽靈的企圖是彩繪其解構式或烏托邦式的「新國際世界」：一個沒有馬克思的馬克思主義，一個沒有政黨、國家形式及機構的理想國，一個徒具哲學形式的救世主主義。他指控：

> 德希達對馬克思主義中「真實」歷史或
> 理論證明的冷漠是一種先驗性的虛空，
> 一種典型解構式的手段，用以引導一個
> 自身的情況進入無懈可擊的內在空無。
> 而他這樣好奇的空無也可稱之為形式救
> 世主主義（formalistic messianism）。此
> 種虛無主義掏空了本身豐富的神學傳
> 統，而只留下有如卡夫卡般鬼魂似的悸
> 動……（Eagleton, 1990: 37）。

阿梅德（Aijaz Ahmad）身為馬克思主義者亦質疑：倘若馬克思主義與解構主義的結合，意味著對馬克思主義核心之政治及歷史理念的放棄，而以宗教般之救世主信念代之，則兩者的結合又有何用（Ahmad, 1999: 107）？在一次訪談中，當德希達被

問及為何現在開始談論馬克思時，他答道：「我深信解構主義與馬克思主義的一些精神有相當密切的關係……因此我嘗試解譯馬克思作品中幽靈邏輯（the logic of the specter）的符碼。總之，我試圖以現今國際的情境來完成這項嘗試……」（Derrida, 1994b: 38-9）。既然，兩個主義之間有一些相當密切的精神，那為何是九〇年代期間（在對馬克思主義保持數十年的沉默之後）突然想「嘗試解譯在馬克思作品中幽靈邏輯的符碼」？而不是七〇年代或八〇年代期間？筆者認為較合理的解釋是七〇或八〇年代仍屬於冷戰時期，而解構閱讀必有「揚馬」及「批馬」的論述，極易被不當挪用，並貼上政治「右派」或「左派」的標籤，吃力不討好。

　　九〇年代初期就具有迥然不同的意義，共產政權在八〇年代末期的連鎖性崩潰，使得九〇年代初期可說是全球「右派」政治分子歡慶竊喜的時代，因此，在此時以聲討「右派」民主政治霸權之名，來探討兩個主義之間一些「相當密切的關係」，不但具有「正當性」及「政治性」，並且具有相當的「道德性」。由此可知，《馬克思的幽靈》可以說是德希

達手持解構主義鬼符般的解碼手冊，對馬克思幽靈
纏繞邏輯的詮釋與肯定，以戳破「右派」資本主義與
民主政治無限上綱的優越感及大勝利般的幻覺，進
而，名正言順地繼承馬克思主義龐大的論述遺產，奠
定晚期解構主義在後現代政治論述中的地位。

　　除了上述繼承時機的原因外，德希達又是以何
種解構策略向馬克思「借魂」，以「繼承」其龐大的
政治遺產？要瞭解德希達繼承馬克思魂魄遺產的實際
謀略，就必須先從他對「哀悼」的雙重運用著手。
「從副標題來看，《馬克思的魅影》一書可以說是德
希達對馬克思的『哀悼』（mourning），但此書的論述
之中，德希達只有稍稍交待『哀悼』的概念出於佛洛
依德，至於如何將佛洛依德對悼念行為的心理分析轉
嫁到他的魅影詩學上，德希達倒是未加著墨」（邱彥
彬，1995：113）。德希達對馬克思的哀悼雖是佛洛依
德哀悼分析的延伸，卻與佛洛依德的心理分析相異。
他是依其解構主義慣用的「延異」策略展現對馬克思
倫理式與策略式的「雙重哀悼」。在法文中「哀悼」
的主要意義僅是痛苦與悲傷（grief），但哀悼仍有其
分延意義──抱怨、控訴與要求正義。讓我們「嫁接」

（graft）德希達在《友誼的政治》（*Politics of Friendship*）
中所指出「悲傷」（grief）的雙重意義到「哀悼」的
意義中來，以解讀其《馬克思的幽靈》中「哀悼」的
雙重企圖。他說「悲傷」：

> 這個字在法文中可以被瞭解為損害、指
> 責、偏見、不公或者傷害，但它也可以
> 當作控訴、憤慨、抱怨或對懲罰或復仇
> 的要求。在英文中同樣的字雖然只主要
> 地包含痛苦與哀悼（mourning）的意
> 義，但在委曲（grievance）一字中同樣
> 地表達了抱怨、不公、衝突，必須糾正
> 的錯誤及必須被制裁的暴力等的主旨
> （Derrida, 1997: ix）。

由此我們可了解，德希達的哀悼策略是：藉由
他對馬克思的「傷心」，提出他對民主政治的「抱
怨」；藉由他對馬克思的「難過」，提出他對後資本
主義的「控訴」；藉由他對馬克思的「悲情」，提出
他對當今國際社會的錯誤現象的「糾正」。最明顯的
例子是他對福山式（Fukuyama's style）資本主義決

定論所提出「哀悼式的譴責」。二十世紀末期，東歐
共產政權的崩潰，德國柏林圍牆的倒塌，蘇聯政體
的分裂及中國大陸的天安門事件中，一個人以血肉
之軀阻擋了一排巨型坦克的影像……等，使全世界
彌漫著共產主義潰敗的氣氛及資本主義與民主政治
空前勝利的竊喜。德希達中肯地指出此種欣悅自喜
的樂觀主義在福山的「歷史終結」（the end of history）
理論中顯露無遺。共產主義的死亡象徵著自由市場
經濟與自由民主政治將主宰未來的歷史（Derrida,
1994a: 14-16, 56-57, 59-64, 66-68）。

　　德希達批評此種安逸幸福的氣氛只是一種自得
其樂的假象，因現今自由民主政治與自由市場經濟
亦面臨許多非常棘手的問題。隨即，他以馬克思幽
靈繼承者之姿，明確地指出其中十項當前後資本主
義難解的窘境：(1)新科技造成新失業人口與「新貧
民」（new poverty）。(2)無家街民比率的增加。(3)國
際間冷酷的經濟戰爭。(4)對自由市場導致的衝突束
手無策。(5)外債（尤其是第三世界國家）情形的惡
化。(6)由西方民主國家主控的軍武市場。(7)核子武
器「播散」（dissemination）的趨勢。(8)種族間的不

斷內戰。(9)如黑手黨般壟斷國際市場的國際聯盟財
團。(10)歐洲的文化與哲學及軍事與經濟強權國家對
國際法律的主宰（Derrida, 1994a: 80-84）。德希達宣
稱這十項當前民主政治與自由經濟的窘境為「新世
界秩序」（new world order）的十大瘟疫（plagues）。
換言之，這些瘟疫般的困境使目前國際的民主政治
與市場經濟制度與他所謂的「新國際世界」「脫離連
接」（out-of-joint）。因此，德希達在雙重哀悼後，順
理成章地「繼承」馬克思的政治遺產，使後解構主
義得以合法地不斷地纏繞後現代罹患瘟疫的民主政
治與自由經濟。

　　邱彥彬的＜閱讀魅影：談德希達的繼承欲望與
介入性閱讀＞一文以心理分析照明，以詮釋學執
刀，相當精闢地剖析德希達繼承馬克思與班雅明幽
靈時所暴露的缺失並「問題化」他介入性閱讀中無
法顧及的盲點（例如：金幣魅影與紙幣魅影的差異
及警察魅影之中暴力性格的區分），立論中肯有力。
然而，有一點值得提出進一步討論的是，邱君認為
魅影在法理與實質上均是懸置未決而無可掌握，既
然如此，「那這個魅影和另一個魅影究竟有何差別

以及到底該繼承那一種魅影／精神當然都是不能成
立的問題」（邱彥彬，1995：113）。簡言之，邱君以
否定魅影繼承中理則論證的大前題（魅影識別與辨
認的可能性），推翻德希達繼承魅影整個問題的正當
性。的確，德希達一再重複強調幽靈是忽隱忽現，
是一種非感覺式的感覺（non-sensuous sensuous），
但是這並非意味著我們就無法區別及繼承幽靈。因
為，德希達的幽靈並非人的（personal）幽靈，而是
話語的（discursive）幽靈。我們是以聽聞、閱讀、
理解、篩選、詮釋及評論的活動來區別與繼承幽
靈，而非僅靠生理的感官活動。換句話說，筆者認
為，德希達對馬克思幽靈的繼承就如同我們對孔孟
及老莊幽靈的繼承或西方人對莎士比亞、聖經及希
臘羅馬神話幽靈的繼承。

　　因此，「沒有任何繼承無須肩負責任。繼承總
是對債務的再確認，但卻是一項批評性、選擇性及過
濾性的再確認，這就是我們如何區別許多不同的幽
靈」（Derrida, 1994a: 91-2）。德希達堅稱，無論你是販
夫走卒或是王公貴族；是老或是少；是男或是女；是
黃皮膚或白皮膚；是馬克思主義者或反馬克思主義者

都是在當代資本社會情境中，馬克思幽靈的繼承人，因為「繼承不是一項給予，而總是一項使命（task）。它一直都站在我們的前方，就好比我們是馬克思繼承人般不容置疑，甚至像每一個欲求與拒絕動作般站在我們前方。如同所有繼承者，我們都在哀悼，尤其對被稱為馬克思主義的哀悼」（Derrida, 1994a: 54）。

　　明顯地，德希達運用其「哀悼」分延意義的雙重運動，主動且合理化地完成了「繼承」馬克思幽靈的「使命」。劉易士（Tom Lewis）在＜德希達《馬克思的幽靈》中幽靈纏繞學的的政治＞中亦指出，德希達瞭解馬克思主義是一項資本主義社會的「活」傳統。因此，他一方面非難馬克思主義的唯物史觀，並棄絕其社會革命，以埋葬「死」的馬克思；同時，另一方面卻召喚（conjure）「活」的馬克思的幽靈，以纏繞最愚蠢的資本主義意識形態（Derrida, 1994a: 137）。「繼承」馬克思「活」的幽靈及其未完成的政治「使命」之後，德希達成功地將解構主義推向一種後馬克思的政治時代。

二、解構幽靈的纏繞邏輯

現在讓我們進一步討論什麼是德希達所謂的幽靈纏繞邏輯（logic of hauntology）？幽靈纏繞邏輯，簡言之，即是幽靈纏繞於本體化整體時的時空性邏輯，或者可以說是單數（singularity）的永恆重複與回歸。德希達指出幽靈纏繞邏輯是「第一次一與一最後一次的重複」（the repetition of first-time-and-last-time），是對似隱似現幽靈魅影的無間斷與重複的追蹤。換言之，是幽靈在時空中第一次的第一次及最後一次的最後一次，不斷重疊與重現的可能性，促使幽靈邏輯成為纏繞的事實。因此，他為幽靈纏繞下了如下定義：「重複及首次，但也是重複及末次，因單數的首次即為其末次。每一次事件發生即是其本身的首次及末次。綜合其他事件，邁向歷史盡頭。讓我們稱它為幽靈纏繞」（Derrida, 1994a: 10）。這個定義似乎仍然具有相當「抽象」的幽靈性。讓我們有系統地以三種角度切入(1)時間的

幽靈及幽靈的時間；(2)空間的幽靈及幽靈的空間；
(3)語言的幽靈及幽靈的語言），然後進一步分析與瞭
解「他者」幽靈纏繞的內在邏輯。

（一）時間的幽靈及幽靈的時間

1. 時間的幽靈

　　我們所認知的時間是人類以「工具理智」將時
間做兩種圖像式切割：一為具體空間式切割，一年
有四季，一季有三個月，一個月有三十（一）天，
一天有二十四小時，一小時有六十分鐘，一分鐘有
六十秒，然後達成一個全球化的共識。二為抽象圖
像式切割，就是將時間以存在本體空間（ontological
space）切割為過去、現在、未來。人永遠僅能「存
活」在現在的這一分、這一秒、這一個當下。然
而，在死亡「來臨」或「發生」之前，所有的「這」
一個當下都是被過去與未來的「那」一個當下所纏
繞，所以我們大腦當下的每一剎那思考都一直受到
過去存在與未來存在的纏繞，時間沒有一個全然整

體及獨立的當下。因此，時間的本質永遠具有「在場」（present）及不在場（absent）交錯混合的幽靈性。換言之，對人而言，死亡是生命最後的剎那，但是歷史的演進與其詮釋意義的延異並沒有最後的剎那，而是一直向未知的未來推進，且永遠不可能成為單一存在的主體。德希達認為中心永遠不是中心，當下永遠不是當下。「這一個當下」永遠僅是（也必須是）時間幽靈的「延異」（différance）。

　　舉兩個例子說明，如果將時間比喻成河流中流逝的流水，再假設我們持一把抽象的刀斷水並讓水流停止，當下在哪？流逝的那端叫過去，還沒流過來的這端叫未來，可是當下在哪裡？當下好像是空的，所以後現代對當下的詮釋有一定的幽靈性、不確定性和虛幻性。又如，凌晨十二點整是24：00還是00：00？它是昨天還是今天？是今天還是明天？是過去？是現在？還是未來？好像三者皆然，我們甚至可以說每一個剎那的現在都是24:00與00:00的共同存在，它屬於幽靈性，它屬於過去也屬於未來，它屬於時間先驗本質的幽靈性。因此，時間並非空間化直線運動的個體連接物，而是整體多元過去的

持續（duration）：「現在」不再與「過去」呈二元對
立的黑白圖像空間關係，而是無數多元灰色異質體的
延伸。職是，「過去」是內含無盡多樣性的共存整
體，「現在」則是此整體邁向「未來」的過渡。多元
差異性的持續與回歸即是時間「延異」的幽靈。

2. 幽靈的時間

　　「時間」對德希達的幽靈而言，並非科學性（亞
里士多德式）的時間：當下每一秒均是對上一秒及
下一秒持續地、直線地及準確地連接，一種「順年
代」（chronos）的時間，由宇宙誕生時大重擊（Big
Bang）的第一秒剎那依序邁向宇宙黑洞的最後一秒
剎那；亦非存在性（海德格式）的時間：當下剎那
不是如前者般機械式及無機性的直線連接，而是人
類「此在」（Dasein）自身組構的產物之一。就像人
的存在，時間並不是生命河流上漂流的瓶子，而是
架構存在河流一個重要的內在架構。「存有於時間
中而言，亦必須被視為『現世性』（temporal）」
（Heidegger, 1962：429）。因此，在《存有與時間》
中，海德格雖然賦予無機時間有機的生命，但也同

時指出時間對存有的必然性終結。他的「存有朝向
死亡」（Being-towards-death）即在說明死亡是時間
對生命的必然「期待」（anticipation），是人類存有
的時間性永遠無法超越的先驗性視域（the transcen-
dental horizon of human temporality）。相對的，德希
達式幽靈邏輯的時間是一種救世主式的時間，一種
列維納斯式的時間（Levinasian time）。此種時間邏
輯非鐘錶能指示，亦非「存有朝向死亡」所能限
囿，更無須依賴宗教的救世主（如耶穌基督）。相反
地，它是能穿越生命先驗性地平線的一種時間，一
種永遠「脫離連接」（out of joint）、一種永遠都是
「尚未」（not-yet）及像救世主般永遠都即將「來臨」
（to-come）的時間。

　　在列維納斯的《整體及無盡》（*Totality and
Infinity*）中，他對同門師兄海德格以存有為中心的
本體化時間提出質疑與批評。他認為「時間不是生
命初始朝向結束的過程，而是一項道德生物（暴露
在暴力中）全部存在的事實，是一種對抗死亡的
『尚未』，一種在邁進的過程中，堅決不屈地對死亡
的抗拒」（Levinas, 1969: 224）。因此，德希達在

《馬克思的幽靈》中，一再強調幽靈纏繞的邏輯如同
「時間是脫離連接」（time is out-of-joint）。因為脫離
連接，所以幽靈的時間邏輯永遠是開放的，是非連
續的，是非線性的及「尚未」完成的。因為尚未完
成，所以期待救世主幽靈的不斷「來臨」。倘若海德
格本體化的時間是在場性及本體性的存有，則德希
達幽靈邏輯化的時間即是對本體化存在性時間，不
斷重複地「纏繞」及「解構」。以反全球化運動為
例，如果我們以時間邏輯的角度切入，反全球化運
動呈現相當濃厚的幽靈纏繞性：當今全球化霸權有
其「歷史」性及「未來」性，因此，反全球化幽靈
的是過去遭到不義對待的幽靈，亦是改變此不義現
象救世主式未來的幽靈，其纏繞邏輯不僅來自被全
球化壓抑的過去，更來自全球化開放性的未來。簡
言之，反全球化是全球化永遠的「尚未」及「來臨」
（我們將於下一章節詳細討論反全球化運動中的幽靈
纏繞屬性）。

（二）空間的幽靈及幽靈的空間

1. 空間的幽靈

　　空間的幽靈性在後現代的論述中仍方興未艾，海德格的＜建築物、寓所及思想＞（Building, Dwelling and Thinking）可說是後現代理論家再思「空間」的重要源頭之一。在此文中，海德格認為世界並非存在於空間中，而是空間存在於世界。空間對海德格而言是一種從荒蕪中釋放「場所」（places）的存在，並進而允許「寓所」（dwelling）可能性的產生。簡言之，海德格以建築物、寓所及思想三者在空間上與「此在」（Dasein）的辯證關係提出他的「空間存有論」。相對於海德格的空間存有論，傅柯在＜談其他空間＞（Of Other Spaces）一文中所提出的「異質空間」（heterotopopias）概念，即在探討後現代空間的幽靈性。傅柯開宗明義地指出，十九世紀人們所著述的是以時間為主軸的歷史，而我們所居住的年代則被共時性的空間所困惑。他說：

「我相信，我們這個時代的焦慮根本上與空間有關」（Faucault, 1986: 23）。

　　無庸諱言，後現代的全球化都市中，空間的多元性與獨特性已逐漸被「同質化」，造成傳統建立的時空表意鏈斷裂。傅柯認為，在此同質化都市公共空間中，交雜共存著許多隱蔽式「異質空間」（如精神病院、妓院、博物館、圖書館、墳墓、戲院、軍營及監獄等），而這些異質空間事實上不斷呈現出來他者的空間及空間的他者的抵抗，彷彿是一艘艘船的空間，「一種流動的空間、一種沒有區域的區域（a place without a place）」（Faucault, 1986: 27）。此種被排除、消影及遮藏的異質空間如同幽靈般不斷纏繞理性化、平面化、空洞化及功能化的同質空間，不斷從支離破碎的空間回歸、質問、批判、消解，並挑戰同質空間及其背後的社會常規、國家機制及論述權力（discursive power）。巴巴（Hom: K. Bhabha）在後殖民論述中的「介質表意空間」（liminal signifying space）及索亞（Edward Soya）的「第三空間」（Third space）均試圖進一步論證「異質空間」所衍生空間幽靈對後現代都市的抵抗。

2. 幽靈的空間

　　幽靈的空間,如同「他者」的臉龐,具有一種「無限性」:一種尚未進入到邏各斯概念中的空間,因為無限性的概念嚴謹而言並不是一個概念,或者,它是一種遠遠超越我們理智認知概念的概念。幽靈空間的無限性對於試圖思考及捕捉它的理智邏輯具有一種超越性的分離。換言之,幽靈的空間是一種沒有空間限制的空間,一種非視覺能感知的空間,一種列維納斯所謂的「他者臉龐」。所以,幽靈的空間即是倫理不在場的空間。在空間的邏輯中,兩個點可以構成一條各種不同型式的線(直線、曲線、弧線或波線),三個點可構成一個各種不同型式的面,而三個以上點即可構成一個各種不同型式的體積。而在人際關係的邏輯中,兩個人就形成一條各種不同型式的權力線而簡稱為政治,而三個人(含以上)除了有多樣的政治的權力線關係外,便構成了一個正義的面(或體積),稱為倫理。

　　因此,德希達幽靈的空間僅存於在他者臉(面)龐中,以倫理之名呈現。列維納斯指出他者的臉龐

是非空間式的空間，一種絕對性、獨特性、超越性
及無限性的空間，一種如幽靈般無法被再現的蹤跡
（trace）。他者臉龐的非實體空間性，並非因為它存
在於空間之外，而是因為在空間內，它是所有空間
的先驗源頭與內在無盡的秩序，而此種沒有臉的臉
龐（a faceless face）無法被「自我」辨識、占有及
統治；相反地，它代表一種命令、一種義務、一種
呼喚及一種道德價值。他者的臉龐不斷向我們昭示
「自我」整體指涉系統結構內的不正義，喚起我的道
德意識，要求我對不正義的現象做修正與改進。因
為「自我」符號系統是一個自戀性及習慣性的流
動，無止盡地漫遊在「相似性」（resemblance）的文
本河流中，一個「相同」的永恆回歸（the eternal
return of the same），所以當面對此一幽靈的臉龐，
受「自我」符號系統所壓抑的「差異性」就會被喚
醒，而迫使「自戀」的「自我」必須回應（response）
它的呼喚，承擔起對他者的責任（responsibility）。

　　職是，「自我」權力欲望所建構的整體空間必
須不斷地被干擾，如此一個完全「在場」的符旨必
須在延異的流轉中面對「他者」的激進他異性（rad-

ical alterity），進而被迫開放其同質化的空間。亦
即，「自我」的主體性因而永遠無法自我封閉在既
有的整體疆域空間內，而將不斷受到干擾，並且從
自我原有的侷限空間邊緣處滿溢流出。因此，幽靈
的空間所呈現的內容既是「他者臉龐」上所承載的
激進他異性，一種先驗的倫理關係，一種形而上的
正義欲望，源自於一種存有的「過剩」（surplus），
而非拉岡的「匱乏」（lack）或後殖民的「懷舊」
（nostalgia），藉「面對面」的接觸中向「正義」的
可能視域邁進。在「他者」臉龐的命令下，此種介
於「整體政治」與「他者倫理」之間的激進不對等
關係（radical dissymmetry），抗拒任何企圖化約
「他者」的意圖，並干擾將「存有」概念化成整體的
自戀欲望。因此，干擾空間整體的政治乃是一種先
驗性的抵抗──一項先驗性倫理的問題。幽靈的空
間憑藉他者臉龐要求「在場」的霸權作一定的妥協
與讓步，因此，幽靈的空間可說是所有人類道德價
值孕育與運作的場域。最後，讓我們來介紹語言的
幽靈，及幽靈的語言。

（三）語言的幽靈及幽靈的語言

1. 語言的幽靈

　　後現代哲學進入一個語言符號的時代，後結構主義在後現代整個人文及社會相關領域（哲學、文學、政治、歷史、文化、人類學、藝術、建築等）的運用與實踐可說均架構在語言的幽靈上。後結構主義認為所有的語言運作，都受到不在場語言的干擾與限制。以下我要以三個早期解構主義著名的策略（蹤跡、替補及延異）中的「更改性」及「重複性」來說明語言的幽靈纏繞邏輯。首先，讓我先檢視德希達的「蹤跡」（trace）。德希達認為一個符號的意義是由無限不在場的符旨組成，所以這些符旨所遺留下魅影般的蹤跡，將隨著意義鏈向無盡的盡頭延伸與消失。因此，蹤跡「是自我及其在場的抹擦，是無可補救的消失，一種內心苦惱的威脅，一種消失的消失所構成。一個無法抹去的蹤跡就不再是蹤跡，而是一個完整性的在場」（Derrida, 1978:

230）。蹤跡每一次的出現與消失均是其第一次與最後一次的不斷重複與更改。「閱讀一個文本，就像在追蹤這種不斷閃爍的過程，而不像在計數項鍊中的珠子」（Eagleton, 1983: 128）。火焰不停在空中閃爍的意象，確實使我們可以想像追尋符號意義的蹤跡，彷彿在追尋不斷消失又出現的幽靈。

　　至於替補（supplement）一詞同樣有幽靈邏輯中不斷延伸（補充）及更改（代替）的雙重特性。在語言系統中替補雖然總是以次要及補充的角色出現，但它卻總是介入或插進代替的行列。「替補可以補充，但它也可以用來取代」（Derrida, 1976: 145）。例如：Be動詞「是」（be）僅是形而上虛設的確定，因為補助詞「什麼」永遠可以被補充與替代。語言（及哲學）自身完整的概念只是一種自戀的幻象。也因此，其自身符號系統內所暴露的空白與匱乏招來「替補」邏輯如幽靈般的重複糾葛，「最後符號」（final signfied）不斷地「來臨」，但卻永遠是「尚未」。語言中「替補」的無盡補充與無盡更改的雙重特性即是幽靈骨子裡先驗的性格。

　　最後，「延異」（différance）不但是德希達獨

創的解構利器，更是最常被情境理論家引用來顛覆
「中心」的策略。「延異」是「差異」（difference）
一詞的變形。德希達技巧性地以a取代e，使語音不
變（法語），而錯誤的書寫符號卻分裂出嶄新的符
旨。如同「替補」一詞「延異」亦具有幽靈邏輯的
雙重意義——橫向共時性與其他符號的「差異」
（differ）及縱向歷時性符旨的向後更改與「推延」
（defer）。簡單地說，語言符號的意義永遠具有共生
性（例如：在場／不在場，符徵／符旨等）、相對性
及推延性，所以在場語言的存在永遠必須仰賴不在
場差異的語言幽靈。職是，「德希達將幽靈纏繞作
爲一種魅影般的新思維模式。以魂魄糾纏任何本體
論並將延異轉化成新歌德（Goethe）式的纏繞」
（Fletcher, 1996: 33）。

2.幽靈的語言

　　什麼是幽靈的語言呢？它是一種「凝視」
（gaze），一種他者的凝視，此種凝視不像我們使用
各種人類的語言，它是一種無聲的語言，一種非語
言的語言。事實上，它不需要使用任何言說的語

言。這種亦近亦遠、亦內亦外、似有似無及非感官式感覺的幽靈凝視，即是幽靈權威式眼神傳意的語言。在後現代理論中，有許多種不同的凝視論述：在女性主義中男性對女性的凝視、後殖民主義中帝國對殖民者的凝視、劇場中觀眾對表演者的凝視，以及虛擬電玩世界中遊戲者自身的凝視。然而，首先，我們要問：凝視為何物？在心理分析中，拉岡把人們在面對他者凝視的錯覺，詮釋為凝視者與被凝視者之間主體與個體所建立的想像關係：「我看到我自己在看我自己。主體的特權在這裡看起來像是從兩極反射關係當中被建立起來。當我一有所感覺，即是我自己對自己的再現」（Lacan, 1998: 81）。換句話說，拉岡相信如果他者的凝視就是注視著我們的目光，而我們也完全知悉被注視的事實，那麼這他者的凝視就成為我們自身凝視的內在回歸，或者是「我自身的再現」。被他者凝視的內在反射效應顯示出我們受限於自己想像的凝視。那就是為什麼拉岡主張，我面對的凝視是「並非直接被他者看的凝視；而是自己投射在他者領域中的想像凝視」。

　　為了更近一步深究幽靈凝視的命令語言，我們

必須解釋自我投射凝視在現實生活中為何可以支配我們的意識及身體。傅柯對「全景敞視」（the panoption）監獄所做的規訓權力技術分析，應最能幫助我們了解近代執政者如何藉著「凝視」所產生的支配性語言，來展現並形塑其「微觀權力」（micro-power）。傅柯指出由邊沁（J. Bentham）所設計的全景敞視建築是一種高效率的監獄建築物，監獄中每個犯人都監禁在個別的小房間，且無時無刻都被中心塔內的警衛監視著。這棟建築物內除了中心塔內部外，其餘空間均如透明般的明亮，所以小牢房內每個人的一舉一動皆會輕易地被中央監控者所凝視。這位監控者可以在塔中任意觀看他人，但他人只知有人監視，卻看不到監控者，並且犯人彼此間也無法看到對方。監視者的目光長久注視著犯人的身體，而犯人完全無法回應監視者的凝視，那麼犯人自然而然地就會將這種幽靈般無形的凝視內化於主體日常的自我監視中。如此一來，最後每個犯人都會自我紀律，因為他們全都覺得隨時隨地均被人監視著，而這外在的凝視在這高效率規訓過程中逐漸轉化成個人內在的日常監視（Foucault, 1979: 195-230）。

　　傅柯進一步指出，「全景敞視」凝視的權力宰
制模式已運用到各行各業，甚至已擴展到工廠、學
校、兵營、醫院、圖書館和貧民區等。「全景敞視
是權力秩序中一種科技上的發明，猶如蒸汽之於蒸
汽機一般。此發明已運用在許多地方性區域，例如
學校、兵營和醫院」（Foucault, 1980: 71）。這些內在
化凝視的現象呼應著德希達所說的「任何人都可以
感受到被看不見的東西（幽靈）所注視著」（Derrida
, 1994: 136）也呼應著拉岡所定義的「凝視」：凝視
「是自己投射在他者領域中的想像凝視」（Lacan,
1998: 84）。傅柯指出此種近代自我紀律式精緻權力
的創舉，皆基於前述嶄新監獄建築的發明，藉由犯
人內在化的監督來訓練及生產具有宛若羔羊般「溫
馴的身體」（docile body）的市民，以便於政府推行
各種合法的霸權式管理。如同歐維爾（George
Orwell）所提醒我們的「大哥正在監視你！」（Big
Brother is watching you!）及伯吉斯（Anthony
Burgess）所比喻的「發條橘子」（Clockwork
Orange），此內化監視現象使得「權力的效果能伸入
每個人最精微和潛藏的部分」（Foucault, 1979:

216）。這就是傅柯所謂的「微觀權力」（micro-power）
的展現。

德希達贊同凝視所造成微觀權力的效應，但是
他不認爲治理者或國家機械能藉此完全掌控人民的
意識形態。換言之，幽靈的注視不是那種臣服於政
府規訓權力的監視，或是用阿圖塞的語言，這種幽
靈注視不是那種迎合掌權階級利益的意識形態對個
體的掌握（body-snatching）和召喚（interpella-
tion），並「召喚個體成爲特定的主體」（Althusser,
1971: 62）。相反地，德希達認爲抵制這種微觀權力
的監視即是他者幽靈的「回視」（look back），是種
內在道德良知的緊急呼喚，它要我們挑戰不義的現
象及馬基維里式的政治（Machiavellian politics）。所
以，幽靈的凝視也具有一種微觀權力效應，然而，
它與傅柯的規訓式凝視微觀權力之間的差異在於，
它並非是主體用來紀律邊緣性的他者，或者，是用
來生產一個溫馴的身體。相反地，它是一道來自於
內心非感官式感覺的命令，一種先驗性的語言，例
如愛心、同情心與道德意識，這些都是不需要藉由
外在的訓育我們就具有的本能，因此，「汝勿殺」

（Thou Shalt Not Kill）及「汝勿竊」（Thou Shalt Not Steal）等戒律總已（always already）是一種銘刻在「他者臉龐」上的語言，一種人類共同擁有的幽靈語言。

　　職是，被幽靈凝視語言所注視的自戀主體必須在「內心」接受他者的要求與命令。「他（他者）來加入我。但他爲了他自己而加入我，且要求服務；他宛如主人般地命令我。然而，我之所以願意接受他的要求，是因爲唯有如此我方能成爲自己的主人」（Levinas, 1969: 213）。幽靈注意著我們的同時，我們卻看不到它，而幽靈的不對等干擾，凝視的交換非我們所能掌控。德希達稱這種不對等性爲幽靈纏繞的單向凝視效應（visor-effect）（Derrida, 1994a: 7）。他者的幽靈禁止我們臣服現有不義的法律與規則，並且進一步要求我們不斷回視（look back）「自我」規訓式的凝視。簡言之，幽靈的語言是他者的凝視（gaze），一種不用實際言說或書寫的語言，用以召喚我們對不義的事負起責任。

三、纏繞邏輯的正義、差異與重複

　　什麼是纏繞邏輯的正義性？德希達的幽靈纏繞
邏輯與德勒茲的「差異與重複」又有何異同？德希
達在《馬克思幽靈》的〈緒論〉（Exordium）篇中技
巧性地並置正義與時間來彰顯幽靈纏繞的道德性。
他指出正義必須對「現在」的「非當今」（non-con-
temporaneity of present time）負起責任；亦即，當下
的正義是為時間的「尚未」及「不再」（no-longer）
而存在。以正義之名纏繞主體的幽靈永遠不屬於自
我為飽滿整體的「現在」，而在每一個無法自我圓滿
的剎那周圍飄蕩。在〈馬克思的命令〉（"injunctions of
marx"）篇章中，德希達進一步用海德格對Dikē及
Adikia兩字的翻譯來強調正義與時間共有的幽靈性。
「海德格將Dikē譯成結合、聯合、調節或和諧的連
貫。目前，Dikē以『現在』為基礎，在某種程度上指
涉著和諧地會合與聯結。反觀Adikia則指涉著曾經是
脫離、解開、離線扭曲、非正義的事物，甚至是愚蠢

的錯誤」(Derrida, 1994a: 23)。倘若「現在」是和諧 (Dike) 的,那麼每一刹那的「現在」就不可能有脫離 (Adikia) 處,不可能有「尚未」的可能性。海德格認為每一刻「現在」都在「來」與「去」之中逗留,在「在場」與「不在場」之間徘徊。「現在」處於兩端不在場間被聯結、被安排、被分配,以連貫「不再」與「尚未」的事物 (Derrida, 1994a: 25)。

職是,「現在」是一道命令,也是一項請求,以結合時間無盡的分離。海德格因而認為Dike必須被給予 (given),但並非要賠償、歸還或贖罪,而是非報復或非懲罰性的禮物 (gift)。如果給予不能滿足一項需求 (need) 或填滿一個缺口 (lack),那麼這項給予又有何意義?然而,「此在」(Dasein or Being-there) 永遠都是一個脫勾的「現在」,那麼存在如何給予一個完整的Dikē當作禮物,當自身都未曾擁有?海德格的答覆是這項給予並非市場導向的經濟交換而是「現在」自身的「替補」(supplement)。「因此,海德格將此一禮物從有罪、債務、正義,甚至責任的視野中抽離」(Derrida, 1994a: 25)。簡言之,海德格視「他者」為「自我」在死亡

之前自身替補的一部分，而Dikē是「現在」的財產（property）。因此，「給予」以他者之名不斷將「現在」交給存在（Being）。如此一來，Dikē不但是存在於「現在」的基石，同時也是存在最初及最終的正義。此種本體論對時間與正義的詮釋當然受到德希達的質疑。他強調，「他者」不該是「自我」所屬的替補，而應是永遠超越存在的絕對他者，唯有非邏各斯絕對他者的存在，方有絕對正義的可能。

　　因此，正義永遠高於法律、高於道德，正義與他者的必然關係也預設了在「存在」中永遠無法被化約的Adikia及非正義。換言之，正義是他者化身的幽靈在時間與存在的國度中永遠脫離連接（unfuge），永遠尚未，但也永遠不斷回歸，不斷來臨，不斷纏繞每個「現在」Dikē的和諧假象（Derrida, 1994a: 25-28）。德希達利用列維納斯式的他者哲學，試圖使解構主義成為一種具有政治性的救世主幽靈。此種救世主幽靈「就彷彿是熱浪的傳振，經由此種傳振，在整個客觀世界中的救世主特性即像海市蜃樓地以火光傳熱起來」（Jameson, 1995: 85）。此外，救世主幽靈性的時間邏輯不僅屬於「來臨」

的未來,也適用於已流逝的過去。「救世主幽靈性是未來的幽靈,但在其他空間,也是過去幽靈性的答案,亦即歷史性(historicity)」(Jameson, 1995: 108)。一言以蔽之,對德希達而言,幽靈纏繞是時間的脫臼、是正義的可能、是救世主永恆的來臨。

　　事實上,德希達的幽靈邏輯(永恆的重複與回歸)與德勒茲[2]的差異與重複有「異」曲同工之妙。在《差異與重複》中、德勒茲強調「差異」不該限囿於與「相同」對立的觀念或由比較「類化」的觀念產生,它是先驗的、絕對的及積極的。重複不是相同的複製,而是差異的創造。在尼采的「非歷史性」(non-historical)氛圍中「差異棲息於重複」(Deleuze, 1994: 76),而重複又創造無盡的差異;差異與重複是邁向「非再現」(non-representational)多重複合體的路途指標,「因此重複是一種非『概念』的差異,一種逃離無限持續的概念式差異的重複」(Deleuze, 1994: 13)。德勒茲用萊布尼茲(G. W. Leibniz)的「單子」(monad)爲「差異與重複」做進一步的闡明。萊布尼茲哲學的核子理念—單子學(Monadology)—是對笛卡爾的心物對立二元論與斯

賓諾莎（Spinoza）唯物主義一元論的反動與延伸。

　　單子（希臘文Monas）意指構成宇宙萬物與生命統一及最小的單位，為了避免陷入一元的唯物論，萊布尼茲強調單子是一切事物的單一體（singularity），同時也是多重體（multiplicity），在這沒有窗戶的物質（windowless substances）內存在一種獨立性的、流動性的、內在性的及絕對性的差異。此種絕對性差異賦予單子兩種內在的無窮動能，也因為此兩種動能建構了「變」與「無常」的萬物。萊布尼茲指出：「任一單子在任何一刹那均無法與其他單子區別，單子的區分須藉其內在屬性及行動，亦即其內在兩種的活動能量：知覺（perception）（簡言之，即是單子其混合體的顯現），或其外在屬性及欲能（appetitions）（即是從一種知覺轉向另一種知覺的意向），這種內在能量為單子變化的兩項原則」（Leibniz, 1990: 207）[3]。

　　德勒茲並借用柏格森（Henri Bergson）有名的假設：任何一刹那的「當下」都是整體「過去」內部不同階層（levels）或等級（degrees）的極度濃縮（Deleuze, 1994: 286）。因此，時間並非空間化直線運

動的個體連接物,而是整體多元過去的持續(dura-
tion);「現在」不再與「過去」呈二元對立的黑白
關係,而是多元灰色整體的延展。職是,「過去」是
內含多樣性的共存整體,「現在」則是此整體邁向
「未來」的過渡。柏格森「持續」性時間的理論及萊
布尼茲單子內部的絕對差異及其無盡「變」「動」的
現象,讓德勒茲相信「重複不再是外在元素的連續性
重複,而是(內部)不同階層(levels)或等級
(degrees)共存整體群的重複。差異不再藉由基礎的
重複而產生,而是在每一次重複的整體內部不同階層
或等級間產生;差異是從一個階層取代及偽裝到另一
階層的產物,而每一階層均具其自身的整體群或獨特
位置」(Deleuze, 1994: 287)。因此,對德勒茲而言,
「再現」並非對相同及原始整體,如柏拉圖的「理型」
(Idea)或黑格爾的「絕對精神」(Absolute Spirit)做
機械性、被動性及次等的複製,而是「非概念」式絕
對差異在重複間的無盡取代與偽裝。差異存在於重
複,重複創造無盡獨特的差異。

　　我們可以看出,德勒茲企圖以尼采式「肯定」
(affirmative)的生命哲學取代黑格爾的「否定」辯

證論，以「差異與重複」的論述取代柏拉圖以降「相同與再現」的論述，而德希達卻企圖以列維納斯的他者臉龐（the face of the Other）干擾海德格的本體論，以馬克思的幽靈纏繞當今「右派」後資本主義的勝利幻象。雖然德勒茲與德希達有不同的論述攻擊目標及屬性，然而，兩人均企圖透過永恆差異的重複（或幽靈回歸）揭露每一個本體（如時間、存在、語言、歷史及政治等）其實是一個多元不完整的個體。相較於德勒茲，德希達的幽靈纏繞以正義之名強調的是兩端「不在場」對「在場」自戀整體的「政治干擾」。因此，從其時間的邏輯而言，具有幽靈纏繞雙重的向度——幽靈來自（產生於）壓抑性、排他性及歷史性的國度，亦來自未來性的救世主國度。它來自過去的第一次的第一次，亦來自未來最後一次的最後一次。

職是，沒有主體的霸權與壓抑，就沒有幽靈的纏繞，也沒有救世主的「來臨」。每一次的幽靈纏繞（或差異的重複）都代表單一「事件」的發生，並且每次「事件」的發生，對德勒茲及德希達而言均是現實的單純事件（當時「在場」的人、事、時、

地、物），同時也是非現實的混雜事件（影響「在場」
事件的「不在場」人、事、時、地、物）的極度濃
縮與延伸；是單一體（singularity），同時也是多重
體（multiplicity）。因此，每次（幽靈纏繞）「事件」
的發生均是重複及首次，但也是重複及末次，因單
數的首次即為其末次。每一次事件發生即是其本身
的首次及末次，是單數（singularity）的永恆重複與
回歸。然而，幽靈纏繞邏輯如何詮釋當今的反全球
化現象？德希達又如何借用生物學中所探討的「自
動反免疫」（auto-immunity）現象來檢視反全球化現
象的「恐怖主義」？這些是我們緊接著要討論的問
題。

四、幽靈纏繞與反全球化[4]

　　當今全球化新帝國的治理術已進入幾乎無形的
網絡化、論述化及合法化：一方面不斷建構並擴大
其強勢商品及論述的跨國「行銷網路」，並利用此遍
布全球的網路取得經濟、文化及意識形態的支配

權；另一方面，再利用不平等的國際分工，及不義的自然資源開發，對全球化經濟網路中下游國家（尤其是第三世界國家）進行長期合法的剝削，以確保「新自由主義」領導國家在全球的「盟主」地位與利益。因此，全球化的發展在這新千禧年世紀初即面臨五項嚴重的考驗：(1)世界恐怖組織發動九一一事件，將象徵國際貿易中心的雙子星大廈在剎那間夷為平地，造成全球恐慌；(2)一度被讚揚為全球化改革的模範——阿根廷卻陷入嚴重的債務危機；(3)全球經濟低迷造成一連串科技公司（dotcom）的倒閉，例如矽谷區產業的破產；(4)跨國的反全球化運動正如火如荼於世界各地上演著；(5)貧富懸殊不斷擴大，造成「新貧民」現象在各國急遽發酵。

　　我們必須承認，全球化運動在宣揚自由市場經濟過程中枉顧社會正義和環境生態的需求，現在正面臨最艱難的危機與考驗。無疑地，全球化運動已形成「時空壓縮」（time-space compression）與「去疆域化」（deterritorialization）的現象，開展出廿一世紀一片令人歡欣鼓舞的現象，讓遠若「天涯」的世界也可以在瞬間「若比鄰」，加上資本主義和現代

科技的推波助瀾之下，全球化以跨國際經濟和文化
的交流，一起迎接更好的「美麗新世界」為美夢。
然而，如鋼鐵般事實是：全球化過程全然由一些最
富有的國家，以他們自身利益為主的方式來主導進
行著。因此，全球化所一直編織的瑰麗而美幻的夢
想，旋即在不公的跨國交流中成為一場空洞的夢
魘。凡有主體的霸權與壓抑，就有幽靈的纏繞，壓
抑越強，纏繞即越劇：反全球化運動也因此發展成
跨國的全球化幽靈纏繞現象。

　　一九九九年十一月三十日美國西雅圖的反全球
化抗議，可說是宣告當代跨國幽靈纏繞時代的來
臨。大約六萬抗議群眾來自不同環境、政治和社會
的信念（有部分團體已申請合法的示威遊行，例如
AFL-CIO團體的成員，但許多抗議團體均未事先尋
求許可），聚集圍堵世界貿易組織集會入口處。這一
群眾運動造成各國與會者無法進入會場參與會議，
最後被迫以流會收場。西雅圖警察抗暴組織會同
National Guard及軍方的Delta Forces使用催淚瓦斯、
警棍和胡椒粉噴霧強制且粗暴地驅趕抗議群眾。然
而該舉動更加激發抗議群眾們的憤恨，造成雙方對

峙的衝突更加惡化，該地許多跨國財團的商店（如Nike、Starbucks和McDonalds）則受到憤怒的群眾破壞，因而迫使西雅圖市長必須用等同於軍法的市政法令和宵禁，強力壓制這逐漸失去控制的暴動現象。有超過六百名抗議民眾因而被捕，許多示威群眾與鎮暴警察也因而受傷。

　　然而，反全球化的抗爭並沒有因此而劃下休止符，反而吹響全球一起「共襄盛舉」的號角，召來更多糾纏的他者幽靈，控訴全球化所造成的各式非正義的議題：環境生態保育、第三世界債務、文化侵略、核武競賽、種族糾紛、失業問題、勞工與農民權益、語言殖民等課題。「霸權仍操作著壓制，也因此確定幽靈纏繞的必然性。此糾纏緊附於每一霸權的結構內部」（Derrida, 1994a: 37）。亦即是，凡有壓制之處必有反抗，必有伸張他者正義的幽靈纏繞。一旦那些曾被排除的他者回歸反抗，其力量將會造成原有霸權結構內部產生處處裂隙的現象。正如德希達明確地指出，幽靈那虛幻的鬼魅性總是以不同「臉龐」及「凝視」纏繞的威力。沒有人能掌握幽靈飄忽不定的來去，因為它總以自身「脫軌」

（out-of-joint）及「來臨」（to-come）的時間邏輯，
絕不妥協地重現（coming back）及纏繞主體。反全
球化運動的「幽靈」與「纏繞」代表對後現代情境
中一種倫理和政治性的「全球化」批判現象———
個在重複（repetition）與差異（difference）運作中
不斷要求正義可能性的現象。

　　雖然反全球化運動不斷地對抗全球化潮流，但
是這兩者並非處於二元對立的關係。有些反全球化
的激進者及支持將「反全球化」這個標籤視為對他
們的「政治誤稱」（political misnomer）與污名化。
他們比較能接受的標籤如「反資本主義」、「反財
團」、「另類全球化」或「反美國化」。事實上，反
全球化運動自身即是一項「全球化」的社會運動，其
宗旨並非要阻礙或破壞「全球化」，甚至要「反」文
明。以《No Logs》一書聞名的反全球化運動者及觀
察家娜歐蜜‧克萊恩（Naomi Klein）在她給歐盟首相
（Cuy Verhofstadt）的公開信中即明確地指出，反全球
化運動的真正目標並非「全球化」的理念及內容，而
是目前主控全球化以單一霸權模式發展的「新自由主
義」（neo-liberalism），此公開信目前收錄於其《柵欄

與窗戶》（*Fences and Windows*）一書中。

因此，反全球化運動是為了持續「解構」（deconstruct）全球化的象徵化霸權運作，並不是要取代（replace）或破壞（destruct）全球化主體。具體而言，反全球化運動是要抵抗全球化三種主要的壓迫現象：(1)「跨國財團」（big business）：晚期資本時期獨占市場的跨國財團勢力；(2)「強勢資金」（big momey）：在全球化經濟成長中，新自由主義派為自身利益達成的共識；(3)「重大破壞」（big damage）：資本利潤先於生態環境保育的後果。反全球化運動自身不應被當成威脅現今文明的破壞勢力，而應是避免全球化走向獨厚霸權的一股正向勢力。然而，全球化主政的決策者卻為了自己國家的利益，反而使反全球化運動像一場森林大火般快速蔓延至世界各地，成為一股巴赫汀式節慶般的反抗文化。

的確，自從西雅圖事件之後，抗議事件更是層出不窮。約三萬五千抗議群眾在瑞典召開的歐洲聯盟高峰會議處（European Union Summit）與警方對峙；在G8高峰會議期間，一群超過十萬龐大的抗議群眾聚集到義大利的熱那亞（Genoa），因為有一位

示威者被警方施暴致死。其他反全球化的幽靈纏繞
不斷擴散至魁北克（加拿大）、巴塞隆納（西班
牙）、巴黎（法國）、倫敦（英國）、新德里（印
度）、雅加達（印尼）、巴西里尼（巴西）、杜哈（卡
達）、墨爾本（澳洲）和華盛頓（美國）等世界各
地。或許有人會納悶地問：為何這些全球化的決策
者持續不理會這些要求正義的他者纏繞，而讓這些
反全球化運動如星火般燎原呢？依據幽靈式纏繞邏
輯，德希達會指出這些全球化的資本勢力之所以會
不斷拒絕面對他者的訴求，是因其自身的不安全
感，又無力檢視自身的不公與不義。

　　以美國在二○○三年入侵伊拉克為例，如同黑
斯口巴爾（Arturo Escobar）正確地指出：「在其他
事件中，這個事件至少讓兩件事顯得格外明確。首
先是美國願意採取一種史無前例的暴力方式以厲行
其支配優勢，再者是當今軍事及經濟帝國的極權化」
（Escoba, 2004: 213）。事實上，美國領導的後資本主
義霸權自雷根之後就一直試圖藉著經濟主導、地域
控制、大屠殺與殘忍的小戰爭等管理方式遂行一種
「全球化混亂」（global disorder）的目的（Escobar,

2004: 213-14）。然而，這些強勢策略只是暫時將問題推向看不見的邊緣，讓新自由主義帝國周邊國家承受混亂之苦，形成黑斯口巴爾所稱「掠奪性和平的假象」，以確保其全球化的霸權幻覺。實際上，美國領導的後資本主義霸權因其內部的不安全感與無力檢視自身不正義的存在，因此長期漠視對其「他者」的生存權利，以至於貧窮問題一直無法得到解決，受苦吶喊與求救聲音無法被聽聞。比方說，當今非洲有成千上萬飢餓的孩童在生存邊緣掙扎，全球化諸霸權，世界貿易組織（World Trade Organization）、世界銀行（World Bank）、國際貨幣基金會（International Monetary Fund）以及八國高峰會議G8卻仍然只關心鞏固自身利益的政策；也因為他們無法及時以有效的方式回應「他者」的呼喚，造成一股惡性全球化暴力的經濟循環，使進行中的全球化蒙上一層揮之不去的陰影。

　　假若主導全球化的管理者能真實面對自身道德的盲點，進而努力彌補對社會、經濟文化及生態的不正義現象，必能使全球化邁向德希達所謂的良性（較少暴力的）「暴力經濟」。事實上，最糟的經濟暴

力是當「自我」對「他者」纏繞採取全然的漠視（total indifference），此種漠視意味著完全拒絕面對「他者」的正義訴求。這幾年全世界有目共睹了漠視如何孕育出此種最簡單、最快速、最恐怖的暴力經濟例子的產物，也就是「恐怖主義」。「恐怖主義」對德希達而言，具體呈現了反全球化鬼魅最不理智、最可怕與最暴力的群集反撲。當權者必須正視一個事實：唯有透過對「他者」不斷的倫理關注，全球化才有可能遠離「恐怖主義」自殺式暴力威脅的一天；唯有全球化治理機構及決策者能和無助、焦慮、憤怒的他者保持一定的良性倫理關係，才有可能終結當前（反）全球化暴力的惡性循環，而以良性循環取而代之。

　　德希達在九一一事件後接受他的好友柏娜多瑞（Giovanna Borradori）的專訪中，挪用動物學、生物學及基因學中所探討的「自動反免疫」（auto-immunity）現象來建構一個檢視恐怖主義本質的解構政治概念：「自動反免疫化邏輯」（logic of auto-immunization）。我們知道，自有生命開始，所有植物和動物的生存就不斷受到細菌、病毒、寄生蟲等的挑

戰，而人類從胎兒一直到老年，在醫學未昌明之際，沒有疫苗、抗生素等強力特效藥的幫助，人類只有依靠自身的免疫系統（immune system）機能來保護人體內各類器官，此系統可以比喻成一支陣容龐大的作戰部隊，免疫學探討的就是身體內這支作戰部隊對抗疾病的原理與問題。雖然人類演化而來的免疫系統，較之其他動物，有更精密的裝備、有更智慧型的戰士及更精密的戰鬥策略，但仍不斷受到各種新的挑戰──全世界有數百萬的人口死於愛滋病，既顯現人類驍勇善戰的「免疫」戰鬥系統已敵不過這種新的病毒敵人。免疫運作可以抵抗疾病、防禦人體，其所涉獵範圍廣泛而複雜（如自體抗體的產生、病原微生物的感染、腫瘤的發生、過敏的反應、疫苗的接種等背後均有錯綜複雜的免疫運作）；簡言之，「免疫」戰鬥系統必須在體內時時刻刻執行辨識、反應、和復原的三段式使命。

　　德希達指出免疫系統會發展出自己運作的權威（authority）產生抗體（antibody）夜以繼日為人體抵抗「入侵者」，然而讓他特別感興趣的是免疫系統中的「自動反免疫」（auto-immunity）現象，它是一種

生命有機體（living organism）對於自身免疫系統的反防禦。亦既，在某些狀況下此系統為了保護生命有機體，而自動撲殺人體內原本用於防禦外來入侵的免疫系統，是一種防禦的防禦系統，一種如佛洛依德所謂死亡驅力（Thanatos Drive）的自毀性防禦。德希達說：「此種自殺式抗體的現象可以延伸至更廣泛的病理學（pathology）領域，如同生命體會加強自身訴諸更積極的免疫鎮靜功能（immuo-depressants）來降低免疫系統對外的排斥性，並增加一些器官移植時免疫系統的容忍性。此種更廣泛的自殺型抗體運用現象，讓我們覺得可以探討一種『自動反免疫化一般邏輯』」（Derrida, 2003: 188）。

　　德希達相信今日思考信仰與知識、宗教與科學等之間的關係似乎均無法避開「自動反免疫化邏輯」的探討。他進一步提出，此種系統的恐怖性在於它並非是「外來」的攻擊，而是來自免疫系統自身「內在」無法被管理的隱形系統。因此，「最糟及最有效率的恐怖主義（即使它看起來似乎來自外在或『國際』的）是安置或召喚起一種內在的威脅，亦即此種恐怖的威脅就在『家中』（at home）」（Derrida, 2003: 188）

　　德希達相信此種在九一一事件所突顯出自己家
中的無形暴力威脅，或「莫名其妙」半自殺式反免
疫化邏輯，是源自三種不同的時期。第一種「自動
反免疫化邏輯」發生於大腦內的冷戰時期：九一一
對美國及全世界都可以用「難以置信」、「無比震撼」
或「痛心疾首」來形容，但讓大家害怕的並不只因
為它是一項暴力的逾越，更重要的是因為它是一項
前所未見，「嶄新」形式的暴力逾越。它是一群接
受美國為了在冷戰時期對抗前蘇聯政府所訓練出來
的好戰分子，在美國境內挾持美國自身的飛機，來
攻擊象徵國家「免疫系統」的美國國防部五角大
廈，以及象徵「全球化」經濟系統的雙子星大廈，
所以它是一項「自動反免疫系統」的「雙重自殺」
（doubly suicidal）行為。因此，它並非發生在冷戰
「後」時期的事件，而是在一個仍停留在大腦內冷戰
（一種由政治家大腦想像與定義的政治衝突）時期造
成美國內部創傷的併發症（Derrida, 2003: 94-6）。

　　第二個「自動反免疫邏輯」發生時期是比冷戰
更糟的恐怖主義擴散時期：第一時期呈現的是（大
腦內部）冷戰所產生「創傷性」事件的內部攻擊，

是兩種強權的相互抗衡。而第二時期則是破壞此種恐怖平衡後所產生更糟的恐怖主義擴散時期。在此時期產生的自殺式抗體邏輯是一種最令人驚惶顫慄的幽靈纏繞邏輯。此內部的恐怖威脅如同幽靈般總是來自無法預知的歷史場域，攻擊無法預知的目標，使用無法預知的暴力手段，並以潛浮的方式與我們一起邁向無法預知的將來。正因為這種無法預知的「幽靈」特性，九一一發生後最令美國總統布希及國防部長（免疫系統的指揮官）害怕，甚至感受到一股冰冷寒意從脊椎竄流而過，不是敵人有多強大的軍隊或武器，而是攻擊我的敵人是誰？而這敵人又何在？（Derrida, 2003: 96-9）

　　最後一個「自動反免疫邏輯」發生時期是產生負面「暴力經濟」（即以更大的暴力來抵抗暴力）的壓抑式惡性循環：德希達認為「人性」對此種暴力的惡性循環並非毫無防止能力。針對九一一等全球化恐怖攻擊所建構的全球化「反恐戰爭」（war on terrorism）以更暴力的手段來徹底摧毀恐怖組織可能的基地（幽靈本體化的場所與源處），如伊拉克、阿富汗，甚至巴勒斯坦，不僅無法消弭爭端，反而會召

喚更恐怖及暴力幽靈的回擊——造成一種免疫系統自
我毀滅性的「內戰」。德希達用了一個簡單的暗喻：
「『炸彈』永遠不會『聰明』到可以避免更多的受害者」
(the "bombs" will never be "smart" enough to pre-
vent the victims)（Derrida, 2003: 94-100）。德希達強
調，他是為了分析的方便，才把此解構新概念「自動
反免疫邏輯」分為三個不同發生的時期。「然而，實
際上這三個不同時期恐怖攻擊的來源是無法分割及區
別的，它們不斷交互影響並多重決定（overdetermine）
彼此」（Derrida, 2003:100）。

　　對德希達而言，「自動反免疫邏輯」的分析讓
我們能了解恐怖主義是屬於「自我」體內一種「自
動性」、「內在性」、「幽靈性」、「反抗性」及「創
傷性」的反免疫邏輯病症的症狀，一種由當下國際
媒體與論述等所協助構建及不斷再現的事件，而布
希政府卻對此病症下一帖「新保守主義」（neo-con-
servatism）的猛藥，雖然一時解除了身體表面病症
的困擾與痛苦，但實質上卻是破壞了身體內部的體
質，並增添免疫系統更多的負擔，讓「暴力經濟」
病症更惡化，此創傷性病症的惡化將會危害下一章

要介紹的「來臨式民主」。

　　當柏娜多瑞問道：「九一一是否為一個重要事件？哲學該扮演何種角色？哲學可以幫助我們了解真正發生的事嗎？」德希達回答：「此『事件』的確需要有一個哲學角度的回應，甚或是一個回應引起我們對哲學論述中最底層及對根深蒂固成見的質疑。九一一事件就是在此種成見的概念下被描述、命名及分類。只有一種全新的哲學反思，方能將我們從沉睡在哲學教條概念睡眠（dogmatic slumber）中喚醒，一種哲學積極的反躬自省，尤其是對政治哲學及其遺產的自省」（Derrida, 2003: 100）。

　　德希達認為恐怖主義以「正義」的目的正當化其「不正義」的手段，關心的是對過去不義的仇恨與報復，因此欠缺的是對未來救世主的期待性及對當下的完美性（the perfectibility of present）的關注，而此兩者的欠缺正好呼應了他一直強調解構主義的政治信念──「對正義永不枯竭的要求」（the inexhaustible demand of justice），從此角度而言，恐怖主義是「欠缺」正義。然而，他對美國及歐洲為首的「國際反恐」聯盟（international antiterrorist coalition）的政治動機與

行為也持著強烈保留的態度。對德希達而言，任何暴
力行為（恐怖或反恐怖行為）均是「暴力經濟」循環
中的一種反動力：暴力永遠是多元且複雜交錯的破壞
性能量流動。恐怖主義攻擊的並非表面的目標（雙子
星大廈、五角大廈、各地美國大使館或者是協助西方
的國家）而是「自我」宰制「他者」的霸權關係。因
此，柏娜多瑞在訪問德希達後寫道：「指控恐怖主義
為非正義的恐怖主義是困難的，因為它與改革者以暴
力的革命手段（revolution）及戰爭挑戰強權的法律系
統是相同的。這就是為什麼德希達認為介於非正義的
恐怖主義與正義的革命戰爭之間的界線是相當模糊
的」（Borradori, 2003: 167）。

　　在自我與他者關係中，當本體接觸他者的鬼魂
時，絕無任何驅魔的捷徑或簡易儀式。新自由主義
主導的全球化，必須先行釋出善意願意和他者保持
一個良好的倫理關係，並承認對於緩和當今世界貧
窮現象與保護地球生態至今尚未克盡己力。除此之
外，全球化不但須在暴力經濟的「重複」與「差異」
中負起不斷面對他者訴求的責任，並且要以立即的
行動來改善全球化的帝國傾向，冀於面對反全球化

幽靈纏繞後，能察覺反全球化形成的幽靈性時間
（如正義）與主導的幽靈性語言（如凝視）背後所隱
藏的意義。事實上，這些反全球化纏繞現象藉持續
不斷地以抗爭的形式將被排除在整體外的他者帶回
中心，突顯了列維納斯的核心理念──「倫理抵抗
是無盡的在場」（Levinas, 1993: 55）。

　　總結此章的討論，德希達在晚期解構主義中所
大力宣揚的「幽靈」式「救世主終世學」（messianic
eschatology）；其實，是其早期解構主義新的政治
「蹤跡」、「替補」與「延異」。《馬克思的幽靈》除
了試圖「替補」早期解構主義外，更進一步試圖
「替補」傳統的馬克思論述、政治論述及哲學論述。
德希達在＜馬克思與兒子＞（"Marx & Sons"）一文
中，除了交錯回應，脫軌溝通（derailed communica-
tion）收錄於《鬼界：德希達＜馬克思的幽靈＞研討
會》書中其他九篇評論文章外，並指出《馬克思的
幽靈》論述中三項主要任務，即是對三項交織的傳
統論述去邊界（delimit）：(1)政治的現象性（the
'phenomenality of the political'）；(2)本體論的哲學
（'philosophy as ontology'）；(3)以（藉）馬克思之

名的遺產（heritage as a heritage of 'Marx' by the
name and in the name of 'Marx'）（Derrida, 1999:
219）。藉著不斷「重複」與「更改」解構主義的名
詞，並發揚其解構幽靈的纏繞邏輯，德希達得以將
整個傳統哲學、政治及馬克思論述打上一個叉號
（under erasure），以瓦解三項交織論述的傳統邊界，
使解構主義從文本無盡的符號深淵，騰空一躍，成
功地躍上當今政治的競技場，對反全球化及其恐怖
主義提出中肯的批評，並大步邁入解構主義的新時
代。

註釋

1 高呼叫好或爲其論述闡述說明者如：史碧娃克的＜鬼魂書寫＞（Ghostwriting），貝爾德沃斯（Beardsworth）的《德希達與政治》（*Derrida & the Political*），奎齊利的《倫理－政治－主體：論德希達、雷維納斯及當代法國思想論文集》（*Ethics-Politics-Subjectivity: Essayson Derrida, Levinas and Contemporary French Thought*），卡布托（John D. Caputo）的《德希達的禱告與淚水》（*The Prayers and Tears of Jacques Derrida*），班甯頓(Geoffrey Bennington)的《干擾德希達》（*Interrupting Derrida*）；嚴詞譴責或提出質疑者如：伊果頓的＜無馬克思之馬克思主義＞（Maxism without Marx），劉易士＜德希達的《馬克思幽靈》中幽靈纏繞的政治＞（the Politics of "Hauntology" in Derrida's Specters of Marx），阿梅德的＜結合德希達：《馬克思幽靈》及解構式政治＞（Reconciling Derrida: Specters of Marx and Deconstructive politics）、詹明信（Fredric Jameson）的＜馬克思被竊取的文字＞（Marx's Purloined Letter）及邱彥彬的＜閱讀魅影：德希達的繼承欲望與介入性閱讀＞。

2 一九七〇年代德希達的《文字學》、《書寫與差異》及德勒茲的《差異與重複》共同奠定了後結構主義的「差異」哲學。有趣的是，近三十年後兩人不約而同地「回歸」馬克思，開始提筆重寫馬克思。可惜，德勒茲於，一九九五年因無法忍受病魔煎熬從巴黎寓所跳樓自殺，溘然長逝，未能完成遺作，爲馬克思論述注入「差異」的血液。

3 萊布尼茲相信在宇宙間每一個精神單子支配著無數物質單子，但為何精神與物質單子間具有必然的主宰關係，及精神單子如何支配物質單子，是萊布尼茲單子學的兩項論述弱點。

4 德希達的幽靈纏繞學如何進一步實際運用於當今反全球化運動的例子，請參閱拙作（Lai）"Transgressive Flows: Theorizing a Hauntology of Anti-Globalization."〈逾越性流動：理論化反全球化運動的幽靈纏繞學〉。*Concentric: Literary and Cultural Studies* 31, 1（2005）。

參考書目

Ahmad, Aijaz (1999). "Reconciling Derrida: Specters of Marx and Deconstructive Politics." *Ghostly Demarcations: A Symposium of Jacques Derrida's Specters of Marx*. Ed. Michael Sprinker. London: Verso.

Althusser, Louis (1971). *Lenin and Philosophy and Other Essays*. Trans. Ben Brewster. London: Verso.

Bennington, Geoffrey (2000). *Interrupting Derrida*. London and New York: Routledge.

Borradori, Givovanna (2003). Ed. *Philosophy in a Time of Terror: Dialogues With Jürgen Habermas and Jacques Derrida*. Chicago and London: U of Chicago P.

Caputo, J. D (1997). *The Prayers and Tears of Jacques Derrida: Religion Without Religion*. Bloomington and Indianapolis: Indiana UP.

Critchley, Simon (1999). *Ethics-Politics-Subjectivity:*

Essays on Derrida, Levinas and contemporary French Thought. London: Verso.

Deleuze, Gilles (1994). *Difference and Repetition*. Trans. Paul Patton. New York: Columbia UP.

Derrida, Jacques (1976). *Of Grammatology*. Trans. G. C. Spivak. Baltimore and London: Johns Hopkins UP.

Derrida, Jacques (1978). *Writing and Difference*. Trans. Alan Bass. Chicago: Chicago UP.

Derrida, Jacques (1994a). *Specters of Marx: The State of the Debt, the Work of Mourning, and the New International*. Trans. Peggy Kamuf. New York: Routledge.

Derrida, Jacques (1994a). "injunctions of marx." *Specters of Marx: The State of the Debt, the Work of Mourning, and the New International*. Trans. Peggy Kamuf. New York: Routledge. pp. 3-48.

Derrida, Jacques (1994b). "The Deconstruction of Actuality: An Interview with Jacques Derrida." *Radical Philosophy*. 68 (Autumn). pp. 28-41.

Derrida, Jacques (1997). *Politics of Friendship*. Trans.
George Collins. London and New York: Verso.

Derrida, Jacques (1999). "Marx & Sons." *Ghostly
Demarcations: A Symposium of Jacques Derrida' s
Specters of Marx*. Ed. Michael Sprinker. London:
Verso. pp. 213-269.

Derrida, Jacques (2003). "Autoimmunity: Real and
Symbolic Suicides." *Philosophy in a Time of
Terror: Dialogues With Jurgen Habermas and
Jacques Derrida*. Givovanna Borradori ed. Chicago
and London: U of Chicago P. pp. 85-136.

Derrida, Jacques（2004）。〈訪談代序〉。《書寫與
差異》。張寧譯。香港：國立編譯館。頁7-31。

Eagleton, Terry (1983). *Literary Theory: An Introduction*.
Oxford: Blackwell Publisher.

Eagleton, Terry (1990). "Marxism without Marxism."
*Ghostly Demarcations: A Symposium on Jacques
Derrida' s Specter of Marx*. Ed. Michael Sprinker.
London and New York: Verso. pp. 83-87.

Escobar, Arturo (2004). "Beyond the Third World:

Imperial Globality, Global conloniality and Anti-globalization Social Movements." *Third World Quarterly,* 25(1), pp. 207-31.

Fletcher, John (1996). "Marx the Uncanny?: Ghosts and their relation to the mode of production." *Radical Philosophy,* 75. pp. 31-37.

Foucault, Michel (1979). *Discipline and Punish: The Birth of the Prison.* Trans. Alan Sheridan. New York: Vintage.

Foucault, Michel (1980). *Power/Knowledge: Selected Interviews and Other Writings* 1972-1977. Ed. C. Gordon. New York: Harvester Wheatsheaf.

Foucault, Michel (1986). "Of Other Spaces." *Diacritics.* pp. 22-27.

Heidegger, Martin (1962). *Being and Time.* Trans. John Macquarrie and Edward Robinson. Britain: Blackwell.

Heidegger, Martin (1971). "Building Dwelling Thinking." *Poetry, Language, Thought.* Trans. Albert Hofstadter. New York: Harper & Row. pp.

143-62.

Jameson, Fredric (1995). "Marx's Purloined Letter." *New Left Review* 209. pp. 75-109.

Klein, Naomi (2002). *No Logo: No Space, No Choice, No Jobs*. New York: Picador.

Klein, Naomi (2002). and Debra Ann Levy. *Fences and Windows: Dispatches from the Front Lines of the Globalization Debate*. New York: Picador.

Lacan, Jacques (1998). *The Four Fundamental Concepts of Psycho-Analysis*. Trans. Alan Sheridan. London: Vintage.

Lai, Chung-Hsiung (2005). "Transgressive Flows: Theorizing a Hauntology of Anti- Globalization." *Concentric: Literary and Cultural Studies,* 31(1), pp. 123-146.

Leibniz, G. W (1990). *Philosophical Essays*. Trans. Roger Ariew and Daniel Garber. Indianapolis: Hackett Publishing.

Levinas, Emmanuel (1969). *Totality and Infinity*. Trans. Alphonso Lingis. U.S.: Duquesne UP.

Levinas, Emmanuel (1993). *Collected Philosophical Papers*. Trans. Alphonso Lingis. Dordrecht, Boston and London: Kluwer Academic Publication.

Lewis, Tom (1999). "The Politics of 'Hauntology' in Derrida's *Specters of Marx*." *Ghostly Demarcations: A Symposium of Jacques Derrida's Specters of Marx*. Ed. Michael Sprinker. London: Verso. pp. 134-67.

Marx, Karl and Frederick Engels (1975). "The Communist Manifesto." *The Collected Works of Karl Marx and Frederick Engels*. London: Lawrence and Wishart. pp. 221-47.

Spivak, Gayatri Chakrovorty (1995). "Ghostwriting." *Diacritics,* 25(2), pp. 65-84.

Sprinker, Michael (1999). Ed. *Ghostly Demarcations: A Symposium of Jacques Derrida's Specters of Marx*. London: Verso.

邱彥彬（1995）。＜閱讀魅影：德希達的繼承欲望與介入性閱讀＞。《中外文學》，24(2)，頁102-115。

第四章 友誼政治與救世主主義

一、解構的友誼政治

> 然後一個年輕人問道：跟我們談談友誼
> 吧！他（先知）回答：……當你與你的
> 朋友分離時，你才能愛他更多，猶如廬
> 山人只有站在平原上與廬山保持一定距
> 離時，他才能看清楚廬山的真面目
> （Gibran, 1994: 69）。

在《馬克思的幽靈》所掀起的掌聲與噓聲仍交
錯不絕於耳之刻，德希達於九四年（英文譯版一九
九七年）再以《友誼的政治》展現後解構主義在政

治論壇上不容輕視的魅力。書中，德希達以亞里士多德（Aristotle）的一句矛盾怪異的呼告：「啊！吾友，世間並無朋友」（O my friends, there is no friend）作為主音，巧妙地、深雋地貫穿全書的宗旨：回首──考掘探勘自古來，友誼對政治被忽視的關連與影響；展望──提出他新新友誼藍圖以臻更美好的民主政治。我們雖已從不同角度，試圖使德希達的「幽靈」現形（縱使它永遠不可能「完全」現形），但不是以江湖道士之姿，身穿道袍，左搖降魔鈴，右揮桃木劍，口唸咒文，驅邪除魔；相反地，我們是以敞開的「友誼」雙手，以列維納斯的「親切招待」（hospitality），以滿心歡喜的微笑，真誠地歡迎「幽靈」，猶如，歡迎我們的「朋友」，只因德希達的「朋友」即是「幽靈」的「播散」（dissemination）。唯有先瞭解德希達幽靈的纏繞邏輯及本質特性，方能得知他喜歡交什麼樣的朋友，他與朋友之間又保持何種特殊的「友誼」。

　　從詮釋解析層面來看，《友誼的政治》一書可以視為一本反尼采權力系譜學的友誼政治系譜學，一本自相矛盾的解構主義系譜學，一本即是系譜學亦是反

系譜學的系譜學（Derrida, 1997a: 105）。德希達一方
面援用尼采系權力譜學的歷史批判，從連續性、整體
性歷史內部的斷層處來診斷「友誼」，並揭示隱埋在
西方哲學的權力話語與社會實踐中「友誼」與政治的
密切關連與影響。另一方面，他卻打著反尼采系譜學
的旗幟，批評尼采系譜學中的父系權力結構與權威以
及未被質疑的父系孝道美德（filiations）。他解釋道：

> 解構主義至少有一部分是系譜學的回想
> （genealogical anamnesis），或者是傳統層
> 次中一系列的解構建制（deconstitu-
> tion），一個尼采式解構系譜學（decon-
> structive genealogy）。由此而言，解構主
> 義與尼采理念中的系譜學曾經有緊密的
> 關連。然而，在此次情境論述中，由於
> 我剛才提及的因素〔即是民主、政治、
> 兄弟之情（brotherhood）及兄弟之愛
> （fraternity）的古典概念是基礎於孝道、
> 家庭及地域的系譜學〕，我想因為上述的
> 原因，我必須質疑系譜學的權威。亦

　　即，從系譜學計畫中將解構主義所不需
　　要的兄弟之愛除去，或者重新思考一種
　　新的系譜學（德希達，1997b: 10）。

　　至此，我們可以察覺到德希達仍運用其右手積
極「挪用」而左手再「打上又號」（under erasure）的
雙重策略。如同在《馬克思的幽靈》中，德希達雖極
力去繼承馬克思的一些特定「活」精神／幽靈，但他
仍批評馬克思試圖本體化並驅趕資本主義的「死」精
神／幽靈，以實踐他大同世界式共產主義的行徑是違
反解構主義的幽靈邏輯。簡言之，對德希達而言，馬
克思以共產主義驅趕資本主義僅是取代自身所質疑及
攻擊的權力「中心」，而此權力欲望及其所建構的歷
史唯物決定論即是馬克思的「死」精神／幽靈。因
此，德希達堅持「解構主義從頭曾是馬克思主義者，
也未曾是反馬克思主義者，縱使，它一直維持馬克思
主義的一些精神」（Derrida, 1994: 74）。

　　同樣地，德希達在《友誼的政治》中再施其雙
重解構策略。一方面極力挪借並套招被傅柯在歷史
及政治論壇中發揚光大，而蔚然成風的尼采權力系

譜學，另一方面批評尼采系譜學中的大男人主義，以彰顯解構主義的「正義性」、「性別平等正確性」與「無門派性」。藉此，德希達可以再次宣稱，解構主義縱使一直維持一些尼采的系譜學精神／幽靈，但卻未曾是尼采系譜學的奉行者，也未曾是全然反尼采系譜學者。雖然，《友誼的政治》是以尼采系譜學作為外在架構，將柏拉圖、亞里士多德、西塞羅、蒙田、康德、史密特及尼采等哲學家的典範友誼話語砌成磚、鋪成泥，建構其另類的政治論述，但筆者認為，解讀此書的最佳途徑，卻是依循其遁隱式三階段解構呼告所組成的內在骨架：「啊！吾友，世間並無朋友」（O my friends, there is no friend），「敵人！世間並無敵人」（Foes, there is no foes!）及「啊！吾解構民主政治之友……」（O my democratic friends……）。

德希達以亞里士多德的一句矛盾又怪異的呼告「啊！吾友，世間並無朋友」（Derrida, 1997a: 1）掀開《友誼的政治》的序幕。他的第一階段呼告的策略旨在揭示兄弟之愛與友誼的關連，及亞里士多德式的典範友誼對政治實踐的影響。但首先我們要

問：為什麼德希達不以時下流行的政治主題如權力
（power）、公共場域（public sphere）、政黨政治、治
理術（governmentality）及公民權（citizenship）等
切入當代的政治論述，卻用一個似乎與政治無關痛
癢的「友誼」為其理論引介，來重探民主政治？德
希達以何種策略利用「朋友」鞏固解構主義在政治
論壇的地位？德希達又如何巧妙地運用三階段對
「朋友」的呼告建構後現代的政治理論？他的「來臨」
式（to-come）民主政治對當代民主政治的評論與展
望是否有可議之處？

　　德希達的解釋是友誼並非僅是我們傳統觀念中
人與人之間的一種美德，因為誠如亞里士多德曾指
出，友誼有三種不同的種類。(1)美德式友誼（the
friendship of virtue）：此種友誼僅存於聖賢人士或
我國古時遊俠豪士之間的完美人際關係。因此，它
與政治無直接關係，卻是維持性最久及最上乘的一
種友誼。(2)實用性友誼（the friendship of useful-
ness）：此種友誼是根基於朋友之間相互的需求與
利益。通常盛行於較年長者之間，因隨著年紀的增
長，人在社會中將變得較實際與功利。而此種友誼

即是政治式的友誼。(3)歡悅性的友誼（the friend-
ship of pleasure）：此種友誼關係一般可以在孩童與
年輕人之間找到，因為年紀輕，所以個性尚未社會
化，較在乎自己的感覺及主張。歡悅性的友誼僅追
求無目的性的歡笑，而與美德及政治亦無直接關
係，因此屬於最下乘的友誼（Aristotle, 1976: 261-64;
Derrida, 1997a: 23; Derrida, 1997b: 3）。德希達即是援
用亞里士多德在《倫理》中所探討的第二種實用性
的政治友誼，明正言順地取得正當的論述地位，進
行他以友誼解構當代父權政治的計畫。

　　不管是亞里士多德的美德性，或是政治性，或
是歡悅性的友誼，或是柏拉圖的兄弟式形而上的友
誼，人性對友誼的渴望是與生俱來。培根（Bacon）
在＜論友誼＞中亦引用亞里士多德的一句「任何人
若能在孤獨中自得其樂，非獸即神！」（Bacon,
1857: 259）來說明人類對朋友的需求是人性的本
質。只有不具人性的野獸或上帝可以離群而居。
「這裡，最佳的方式來證明友誼對生命的重要性是列
舉出生活中有多少事情一個人是無法獨自完成。顯
然地，古人所說：『朋友是另一個自己』是多餘的

言語，因爲朋友的重要性遠勝於自己」（Bacon,
1857: 265）。友誼不但是人類終生追求高尙人性的果
實，更是快樂生命及肯定認同的重要泉源。然而，
德希達中肯地指出，友誼誠可貴，朋友不能多。眞
摯的友誼（或亞里士多德所謂的「首要友誼」
"primary friendship"）必須是穩定的、道德的、鞏固
的及長久的。它必須在無常短暫的生命中經得起時
間的考驗，必須經得起所謂的「牛軛效應」（the
yoke effect）：「去配合它、去奴役它，將它置於牛
軛下，使一個男人或女人的靈魂像一頭肩負重軛的
水牛」（Derrida 1997a: 17）。因此，電光石火，匆匆
既逝的生命中，我們不可能將需要長時間試驗的友
誼牛軛，套在每一個我們生命旅途中無數有緣相遇
的人身上。並且，德希達指出，在希臘、羅馬、回
教、基督教及猶太教的文化中，此種首要友誼僅存
於有德性的君子之間；換言之，沒有德性的男人之
間，男人與女人之間及女人與女人之間不可能有眞
摯的友誼[1]（在＜陽貨第十七＞中，孔子不是也曾
說：「唯女子與小人爲難養也！」；易言之，孔子
也認同只有有德行的男性君子方能講理並容易相

處），因為，在男尊女卑的父權社會下，兄弟之情（brotherhood）及兄弟之愛（fraternity）可以說是典範友誼的代名詞，女人是完全被排除在友誼的可能性中。德希達解釋道：

> 當然，此種兄弟式友誼的概念，有它文化與歷史的源由。它起源於希臘，但也源自基督教中對兄弟之情乃兄弟之愛的重視。對基督教而言，四海之內皆兄弟，只因他們都是上帝的子民（sons of God）。而此種兄弟式的倫理觀念即使在近代的友誼與政治中仍相當明顯。例如：在法國大革命時，此種兄弟之愛（或稱博愛）（fraternity），還是三大人權宣言之一（自由、民主與博愛）。兄弟之愛與自由及民主並列為法國的人權三大基石，曾引起當時法國國內白熱化的激烈辯論。所以，你必須直接面對並質詢此種我稱之陰莖中心（phallocentric）或陰莖邏各斯中心（phallogocentric）式

觀念的友誼（Derrida, 1997b: 4）。

　　的確，此種沙文現象，可說中外同然，即使在中國五千年悠久歷史洪流中，各朝代王室的繼承，也都是以男性系譜學的父傳子承為主。而儒家倫理思想中的「五倫」（君臣、父子、夫婦、兄弟及朋友）、「三從四德」及「女子無才便是德」等父權傳統思想，更彰顯了中國古代的政治實踐也根基在男性中心的兄弟式倫理關係之上。由此可知，古今中外，在倫理道德規範中理應不具性別屬性的美德——友誼，卻在父系權力架構的男尊女卑社會中變質為男性「傳家」的專屬品，並如水銀瀉地般滲入政治話語與實踐的形塑與制定過程中。在瞭解友誼如何以陽性中心的兄弟之愛介入政治後，我們要再回到亞里士多德矛盾的呼告：「啊！吾友，世間並無朋友！」，藉著此句自相衝突的呼告，德希達除了要披露被深埋在倫理政治哲學的歷史廢墟中，被世人遺忘的兄弟式友誼與政治的陽性中心形態（the androcentric configuration of politics）（Derrida, 1997a: viii）外，他並技巧地再度施展「哀悼」的雙

重策略。德希達指出亞里士多德的這個呼句是一句
履行式的矛盾句（performative contradictory）。因
為，前半句的呼告是對朋友的直接呼告（speak
"to" friends），而後半句的呼告是說明呼告的有關
內容（speak "of" friends）（Derrida, 1997a: 212-
3）。但既然朋友是呼告的對象，為何又否定朋友的
存在？

　　事實上，此種相互對立的矛盾句中，意義的詮
釋是開放性的。它可以解釋為一句喟嘆——「啊！
吾友，人無須朋友」（O my friends, there is "no need
of" friend），也可解釋為一句讚美——「啊！吾
友，世間已沒有像你這樣的朋友了」（O my friends,
there is no friend "like you"）。但德希達引用此句呼
告的主要目的是引導出他解構式友誼。對他而言，
這句呼告應被解釋為一句「哀悼」——「啊！吾
友，世間並無完美的朋友」（O my friends, there is no
"perfect" friend）。所以，這句怪異的呼告是一個抱
怨（complain）與委曲（grievance）的頓呼句
（Derrida, 1997a: ix）。德希達表面上傷心地感嘆天下
沒有一個「夠」朋友的朋友，實際上，藉著「感傷」

與「抱怨」提出他心目中「完美理想的朋友」。顯而易見地，他以此一哀悼呼告句本身的矛盾解構傳統父權的友誼：前半句的朋友即是傳統亞里士多德兄弟式陽性中心友誼中的朋友，而後者則是解構式民主政治友誼中「尚未」來臨的完美朋友。什麼又是解構式的完美朋友呢？這個答案目前「脫離連接」（out of join），「尚未」成熟，要等到最後一個階段的呼告中才能「來臨」（to-come）揭曉。

　　德希達第二階段的呼告引用尼采《人性太人性》中活傻子的頓呼句：「『啊！吾友，世間並無朋友』將死去的聖者（the dyingsage）說道。『敵人，世間並無敵人』我，活傻了（I, the living fool），話道」（Derrida, 1997a: 28, 50）。「敵人，世間並無敵人」，表面上此呼告是依循第一階段呼告中衝突、矛盾及哀悼的模式發展，暗地裡，德希達卻是在建立與第一句呼告的二元對立架構以逆向倒置此朋友／敵人的傳統階層與優劣性。這種解構主義階段性二元價值倒置的最著名例子是德希達在＜柏拉圖的藥房＞中，嫁接被壓抑的邊緣符旨／「毒藥」到柏拉圖《菲德拉斯》文本中以良藥為傳統主宰符旨的「藥」

（pharmakon）字，並倒置良藥／毒藥的二元上下階層以顛覆整個文本的傳統詮釋（語言優於書寫）。

同樣的，傳統中，朋友／敵人的明顯的二元對立就如同善／惡在傳統道德中的涇渭分明（例如，民國初期喊著工農無產階級專政口號的共軍，即有一句著名的政治格言：「不是朋友，即是敵人」）。因此，我們可以說傳統朋友／敵人的對立價值觀念之於政治，猶如是／非之於倫理規範。但在傳統的是非善惡標準不斷脫軌「交媾」，不斷「播散」繁殖，不斷「混血」標準的後現代情境中，敵友之間的楚河漢界又該如何界定？政壇上的敵人可否為私下的朋友？或者，私下的敵人可否為政壇上的朋友。「不是朋友，即是敵人」的政治口號似乎早已被當代「政治中沒有永遠的朋友或敵人」所替補、取代。德希達引用尼采的呼告：「敵人！世間並無敵人」即在疑詢亞里士多德式的美德式朋友的優越性並披露朋友／敵人之間的無法決定性（undecidability）。

但，為什麼尼采的敵人可以優於亞里士多德的朋友呢？德希達如何嫁接尼采的敵人以倒置二元的朋友／敵人上下階層？又為什麼尼采說：「我們對

朋友的渴望是我們自我對自己的背叛者」
（Nietzsche, 1961: 82）？我們知道尼采的一生思想探
索與生命慾力（will-to-power）在粉碎傳統基督教以
上帝爲至高無上中心的善惡規範，並建立他經由不
斷超越自我以臻至介於人類與上帝之間的超人
（over-man）哲學。因此，對他而言，古典美德式友
誼是一個人邁向超人聖途中的障礙。我們喜歡朋友
而厭惡敵人是因爲渴望他人的虛浮讚美與同情，並
藉著反擊敵人來掩蓋我們不願承認的缺失。他超人
哲學中的先知（查拉圖斯特拉）告知他的信徒：
「倘若你渴求一個朋友，你必須願意向他宣戰：向他
宣戰，你必須具有當他敵人的能力」（Nietzsche,
1961: 83）。所以，尼采認爲我們需要的不是使我們安
逸滿足成爲凡夫俗子的朋友，而是能刺激我們實踐超
人理想的敵人。唯有坦蕩蕩地歡迎敵人的指責，我們
才能不斷地超越不完美的自我。換言之，朋友式的友
誼僅是自我——一面粗糙又蒙塵的鏡子，唯有敵人式
的友誼才能照出自我潛在超人的完美臉龐。「敵人！
世間並無敵人」，同樣地，此刻戰勝「朋友」的「敵
人」，卻也永遠「不夠敵人」，永遠無法達到德希達哀

悼中所期待的完美解構式敵人。

　　德希達成功地逆轉友誼政治中朋友／敵人的上下二元對立層次後，依照他的解構邏輯，最後一個呼告階段是所謂的解構階段。此一階段的工程即在徹底剷除介於敵友對立之間的疆界藩籬，以問題化朋友／敵人二元黑白的定義。何謂敵？何謂友？敵友難分是本應如此？還是我們認識不清？「啊！吾民主政治之友……」（O my democratic friends……）不但是《友誼的政治》全書閉幕式的呼告，更是德希達以救世主的、來臨的、承諾的及解構的呼告，來顛覆敵友的疆界。同時，此句呼告也呼應著尼采《查拉圖斯特拉如是說》中的「啊！吾友，世間即無朋友，亦無敵人」（Derrida, 1997a: 284），因為，解構式民主政治的友誼不屬於現在的世界，「友誼是屬於遠方的東西，一個屬於未來的東西」（Derrida, 1997a: 285）。直接了當地說，德希達再晚近極力宣揚的「幽靈」（specter）及「遠方的東西」，事實上，即是查拉圖斯特拉所謂「背後追逐你的魅影（phantom）」。查拉圖斯特拉如是說：

　　我告誡你去愛你的鄰居嗎？相反地，我
勸告你逃離你的鄰居，去愛在最遠的
人。去愛遠方的人，未來的人勝過愛你
的鄰居，甚至勝過我稱為魅影之愛（love
of phantoms）。我的兄弟啊！這個在背後
追逐你的魅影比你更美好；為何你不願
給予它你的血肉與骨呢？你反而害怕它
而奔向你的鄰居（Nietzsche, 1961: 87）。

　　易言之，查拉圖斯特拉以「鄰居」來形容亞里
士多德式的朋友，以「魅影」來比喻敵人式的朋
友，而「最遠方的人」即是他所謂的超人。於是，
德希達巧妙地抓住尼采「魅影」這個隱喻，作為他
稼接《馬克思的幽靈》中的幽靈到《友誼的政治》
中脫離連接卻不斷來臨的解構式民主政治的友誼。
因此他說：「所有友誼的現象及所有被喜愛的事物
均屬於幽靈性（spectrality）」（Derrida, 1997a:
288）。然而，尼采的「魅影」並不同等於德希達的
「幽靈」，因為它與德希達的「幽靈」及「民主政治
的朋友」仍然「脫離連接」；為何尼采的「魅影」

仍然「脫離連接」，僅是德希達「尚未」成形的「幽靈」？德希達總結地提出同時包含亞里士多德式及尼采式友誼，所形成的兩個主要問題，以證明他的政治幽靈「尚未」成形：文本霸權（textual hegemony）及陰莖邏各斯中心主義（phallogocentrism）（Derrida, 1997a: 278）。第一個問題是解構主義系譜學的質疑與批判。德希達認為柏拉圖以降至尼采，西方千年來的友誼哲學所形成的文本霸權，以話語無形的雙手，暗地操控著社會實踐倫理與政治所依循的真理。而此一問題衍生了第二個解構主義反系譜學的質疑與批判——陰莖邏各斯中心主義。

　　之前，我們已探討過亞里士多德式的陽性中心的兄弟式友誼，但為何尼采說：「女人尚未具有友誼的能力」（Nietzsche, 1961: 83），他又以何種理由也將女人排除在友誼殿堂之外？眾所周知，尼采《查拉圖斯特拉如是說》有一句惡名昭彰的厭惡女性格言（misogynous motto）：「你要去拜訪女人嗎？不要忘了帶你的鞭子」（Nietzsche, 1961: 93）。可見，尼采的超人哲學著實有強烈的父權屬性。德希達指出尼采在《查拉圖斯特拉如是說》中連續三次

強調「女人尙未具有友誼的能力」（Derrida, 1997a: 281）。但尼采的每次強調都提出一項理由。第一項原因是因爲世間有兩種人不可能成爲朋友：暴君（tyrant）及奴隸（slave），而女人對尼采而言，卻是兩者的綜合體。第二項原因是尼采認爲女人只有愛的能力，而戀愛中的女人，總是不公平地及無理性地對待她愛人之外的人。最後一項原因是尼采輕蔑地指稱女人目前仍只是「貓」及「鳥」，頂多只是一頭「母牛」。可是，在結束對女人的批評之前，他似乎也公正地質詢男性：「女人目前尙未具有友誼的能力，但告訴我男性們，你們當中有哪一個人是具有友誼的能力呢？」（Nietzsche, 1961: 84）。這樣的反問並不代表尼采的友誼論述中沒厭惡女人的色彩，因爲尼采的友誼能力標準是基於兄弟式友誼的標準——平等（equality）、正義（justice）及理性（rationality）。換言之，我們可以說，對尼采而言，假使女人與男人目前都不是友誼寶座的當選人，男人至少還有候選人的資格，而女人因爲只懂非平等、非正義及非理性的愛情，所以連參選的權利都沒有。

尼采的超人式友誼雖然顛覆了亞里士多德的美
德式友誼，但卻重複踏著兄弟式陰莖邏各斯中心主
義的霸權腳步。由此可知，德希達的解構式友誼的
宗旨，即在超越文本霸權及父權系譜學中的男性中
心主義。在《友誼的政治》的結論中他提出他理想
中「來臨式的民主政治」（democracy to-come）：

　　因為民主政治保持來臨，這是它目前保
　持的本質：它不僅保持未確定的完美
　性，所以永遠是不足性及未來性，它並
　且屬於承諾的時間，因此它將在每一次
　的未來時間中保持來臨的姿態。即使當
　我們已擁有民主政治時，它卻仍然不存
　在，因為它永遠保持一個無法呈現概念
　般的宗旨（Derrida, 1997a: 306）。

　　在最近一次以〈政治與友誼〉（Politics and
Friendship）為主題的訪談中，他進一步補充「來臨
式的民主政治」的概念：

　　我所謂的來臨式民主，指的不是民主的

未來，而是民主政治在當下應努力前進
的方向。所以何種政治行動方能使其呈
現呢？對我而言，政治這場域是協商
（negotiation）的場域，亦即，介於目前
（或可呈現）的一組開放資料，以便我
能試著分析這些資料（通常是一種有限
的分析），和來臨式民主之間的協商。
來臨式民主總保持無法達成的狀態，不
單是因為它永遠是一種調整後的理想，
更因為它被架構像一個應許，猶如自我
與他異性（alterity）之間的關係，且因
為它未曾是在場或自我場域內可能被明
辨的形式（Derrida, 2002: 179-80）。

　　因此，德希達所謂超越男性文本霸權的解構式
及「來臨式民主政治」，並不意謂著一個更平等、更
進步或更民主的新民主制度或政體，因為這樣的制度
與政體有被明辨的形式以及具體實踐的可能性，來臨
式民主政治就如同正義是永遠不可能被任何更平等、
更進步或更新的法律所實踐。因此，來臨式的民主政

治所強調的是「來臨性」而非「民主政治」（Derrida, 1993: 216）。他在一次座談會中回答道：「來臨式民主政治並不只是單純地意謂著一個修正或改善當今民主政治情境的一個未來的民主政治。它主要是代表著我們夢想中的民主政治理念是緊緊地扣住一個承諾。這個承諾的觀念深深地烙寫在民主政治的理念：平等、自由、言論自由、出版自由等均以承諾烙寫在民主政治中。民主政治即是承諾。」（Derrida, 1997b: 5）。承諾即是來臨、承諾即是幽靈、承諾即是朋友、承諾即是民主政治。「啊！吾民主政治之友……」（O my democratic friends……）。

　　不意外地，德希達最後引用其摯友布朗修（Maurice Blanchot）在《友誼》、《書寫災難》及《無法避免的社團》中對友誼及他者關係的論述作為其《友誼的政治》的終結。事實上，自尼采以降的當代思潮中，對友誼有較深入剖析並能與德希達的「來臨式」友誼相互輝映者，應首推布朗修。布朗修在其摯友巴岱儀逝世後寫下一篇令人動容的祈願文章＜友誼＞（收入於《友誼》一書中最後一篇）。文中，布朗修不斷以自省式對「我」與「朋友」緊

（親）密關係的質疑，來「哀悼」已逝故友，並對友誼作更深邃的詮釋。他強調友誼並非建構在「我」與「朋友」的熟悉、親密及相互公平性上，因此我們必須放棄試圖瞭解此項聯結「我」與「朋友」之間重要的神秘關係。對布朗修而言，友誼象徵一種陌生的間隔，一種巨大的分裂及一種神秘距離的先驗性存在，而非僅僅是一種交互式及融合式的情感聯結。

誠如紀伯倫（Kahlil Gibran）於《先知》中所稱：「然後一個年輕人問道：跟我們談談友誼吧！他（先知）回答：……當你與你的朋友分離時，你才能愛他更多，猶如盧山人只有站在平原上與盧山保持一定距離時，他才能看清楚盧山的真面目」（Gibran, 1994: 69）。此種「分離」的間距並不會破壞友誼的關係，反而更彰顯此種與他者關係獨特及神秘的本質。並且，布朗修認為，語言是我們跨越這內在鴻溝的橋梁，但朋友僅是我們語言對話（speak to）的對象，而非語言對話（speak of）的知識客體。他說：「這種間隔是一種純然的間隔介於『我』與一位『他者』的朋友之間，並測量我們之間

的一切事物，它是一種存在的干擾，而這種干擾致
使我們永遠無法具有使用朋友的權力，使用一切我
們對朋友認知的知識權威，然而，這並不會阻礙我
們的溝通，反而將我們一起帶入一個不同（甚至有
時候是無聲）的話語世界。」（Blanchot, 1995: 291）

　　德希達指出，布朗修的友誼哲學是受另一位摯
友列維納斯的啟發，並依循一種非辯證式的法則。
它引用布朗修在《書寫災難》中對友誼的詮釋來說
明此種「X沒有X」（X without X）的法則：「然
而，我僅能在友誼中回應一種幾乎是最遙遠的距
離，一種最無重力的壓力及一種沒觸及到我們的接
觸，這是一種非分享式、非對等式的友誼，一種已
逝去卻未留下任何蹤跡的友誼。這是對未知的不在
場的一種被動反應」（Derrida, 1997a: 296）。簡言
之，布朗修深刻體認眞實的友誼是與絕對他者一種
「沒有關係的關係」（a relation without relation），朋
友永遠在遠方以語言召喚我們，而我們卻永遠無法
跨越這個距離，用德希達的辭彙來說即是——友誼
是一種無盡「脫離連結」的關係，一種不斷「來臨」
卻永遠「尚未」的關係。對布朗修而言，此種無力

感的關係是一項「災難」,然而,此項「災難」並不
會摧毀友誼,反而在「災難」中我們方能建立起一
個真摯絕對的友誼。

　　簡言之,德希達在《友誼的政治》中以「啊!
吾友,世間並無朋友」、「敵人,世間並無敵人」及
「啊!吾民主政治之友……」三階段的矛盾式及哀悼
式呼告,回顧檢討過去友誼政治的文本霸權及陰莖
邏各斯中心主義,並展望他「新國際世界」中的來
臨式民主政治。「朋友」與「幽靈」實質上是解構
主義政治性不可分割的一體兩面。解構主義是一個
「幽靈式」的朋友像敵人般不斷纏繞著我們的政治缺
失,同時它也是一個「朋友式」的幽靈為我們帶來
一片較正義及晴朗的政治天空。但是,此種來臨式
「至真」、「至善」及「至美」民主政治,此種永遠
解構的「唯美」政治承諾是否有可議之處?

二、反對黨的救世主主義

「希望」乃羽化之物－

棲息在靈魂枝頭上－

哼唱著無語的調子－

並且－永不－停息－

(Emily Dickinson, 1960: #254)

　　總括地說，德希達運用「幽靈」及「朋友」所提出的晚期的解構主義，具有兩項重要的政治功能。第一項：提供被壓迫的他者（弱勢團體、女性、黑人、少數民族及被殖民者等）一項解中心的論述法寶，以幽靈之姿不斷重複地糾纏及干擾在場的、主流的政治思想與建制，以防止其本體化、整體化及獨裁化。第二項：提供被壓迫的他者一個救世主來臨的政治承諾，讓他在「明天會更好」的希望導引

下，爲今天的困境努力。筆者的論點是：因爲解構主
義在兩項政治功能中「蹤跡」、「替補」、「延異」及
「播散」的特性將會無盡強化前項功能，無數因過去
被壓抑而回歸的他者其糾纏及干擾「在場」政治建制
的功能，然而，卻造成後項功能中美麗的政治承諾變
質爲被壓迫的他者生命難以承受的謊言——來臨式民
主政治在其美麗容顏下，仍隱藏著其先驗性的性格的
缺失，一個以希望之名的謊言。

　　讓我們扼要地舉中外兩個現實生活中實際承諾
／謊言的民主例子。(1)每當國內各種選舉（如縣市
長選舉時），非現任候選人(不管是執政黨或在野黨)
常採用攻擊式文宣：攻擊現任縣市長在過去任期內
未能實現的政治承諾，並藉此提出他的政治「大」
藍圖作爲他當選後的執政承諾（如振興經濟、教育
改革、掃黑金、失業問題的解決、交通整治、治安
整頓、環境污染改善、國際接軌、兩岸關係、本土
發揚、勞工福利、老人年金及農民年金等），至於這
樣迷人的承諾是否能完全實現或者會造成何種難以
收拾的後遺症，則是當選後的問題。例如：老人福
利津貼先例一開，後繼的執政者就很難再關，且臺

灣老年人口比例愈來愈高，政治人物為爭取票源，老人津貼不斷加碼，最終只會拖垮國家財政，更甭論，健保及高鐵兩大美麗的政治承諾在執行後，所造成台灣目前財政數百億的錢坑。(2)相同地，英國九七年五月大選中，布雷爾領導勞工黨以全然壓倒性的選票擊敗執政十八年之久由前任首相梅傑領導的保守黨。其成功的電視文宣主題即是「梅傑——說謊者」，而其內容當然就是一一列舉出梅傑的競選承諾變謊言的事實。

　　然而，多年後的今天，民意調查顯示，過了政治蜜月期的布雷爾，在競選時所提出的部分新承諾（如減少全民健保就醫的等待人數、降低學校班級人數及不增稅等）也已成了如過期鮮奶般又酸，又苦，又令人難以嚥下的謊言。此種不斷循環式承諾／謊言的政治現象突顯了現今民主政治中，選舉與代議制度無法抹去的黑影：候選人為了贏得大眾的選票，必須「勇敢地」許下可能無法實現的政治承諾。然而，少數有擔當、有作為的政治家即使無法實現他所有的承諾，至少會實現他大部分主要的承諾。可是德希達的來臨式民主政治卻是一個永遠的

等待、永遠的「尚未」，彷彿，是三月打從江南走過，一陣陣達達的馬蹄聲，不是「歸人」，是永遠的「過客」，而人民則必須是那一盞青石小城閣樓向晚窗櫺上「善等待」的金菊。職是，我們可以說，德希達的新友誼式民主政治信仰是一種延異式「後火爐」的信仰（backburner belief），將當下的問題扔向後方「延異」的民主政治；扔給永遠尚未來臨的救世主；扔給如桃花源般完美卻永遠無法抵達的「新國際世界」。

　　德希達似乎警覺到此一解構主義中無盡的先驗性，會「解構」他自身在政治前線的作戰火力。因此，當他以解構主義創始者的身分決定「積極介入」當下「急迫性」微觀政治問題及「人本」導向（而非「文本」導向）的政治戰場時，他必須合理地解釋一個「反解構」浪潮中根本的質疑：解構主義駁斥並摒棄時空上「在場」（the present）的意義及是非善惡的「整體」（totality）標準後，如何具有介入、處理及解決現實「在場」性政治問題的能力及正當性？為了解決（或改進？）此一早期解構主義論述在政治場域中邏輯盲點，以證明解構主義並非

僅是一種形式救世主主義（formalistic messianism）
或「卡夫卡般鬼魂似的悸動」，他試圖以解構主義的
「道德性」正當化其「政治性」。讓我們用數字作簡
單的比喻：倘若，「0」代表解構論述中完全「無」
他者（the Other）的邏各斯中心假象，而從「1」至
無限值的「N」則代表解構主義「延異」中無限微
分解構的場域，那麼，晚期解構主義的政治策略即
是將原先強調「文本」中「1」與「N」中間永恆性
的「延異」及「未定」過程，轉為強調「人本」中
「1」與「N」延異「兩端點」的同等重要性：前端
「1」是對「排他性」政治主體「0」當下「急迫性」
纏繞的政治，而後端「N」則是具有「正義性」及
「無盡性」的先驗性倫理；因此，他一方面強調，來
臨式的民主政治並不只是一個未來性的承諾，它更
是一個當下性的責任。我們不能空等待它的來臨，
而必須去做當下必須被完成的事，「這是一道命
令，一道緊急的命令，不能有任何延遲」（Derrida,
1997b: 5），另一方面又強調，來臨式的民主政治中
「來臨代表著未來，但並不是明日即被實現的現在未
來（the present future）」它是未來式的未來（the

future future）（Derrida, 1993: 216）。

　　從政治救世主或解構式友誼的角度而言，馬克思的共產主義可被視爲一種「無耐心的救世主主義」（impatient messianism）：馬克思是以一種人道精神，決心推翻早期資本主義，以唯物史觀的必然邏輯，以大敘述（meta-narrative）的宏偉語言，急迫地對當時被剝削及壓迫的勞工大衆斷言，並宣稱共產主義與無產專政救世主「必然」及「馬上」的來臨，然而，二十世紀共產主義的實踐史已證明，馬克思「無耐心的救世主主義」承諾，已化成一顆歷史洪流上的泡沫，甚至造成人類歷史中無法救贖的浩劫（如文化大革命），縱令，有些馬克思的忠實信徒仍然堅信，眞正的共產主義從未被實踐過。他山之石可以攻錯，德希達繼承馬克思「活」的幽靈時，當然極力避免重蹈馬克思「死」幽靈的覆轍，因此，他發展及運用的仍是一種解構雙重策略，一種「（無）耐心的救世主主義」（[im]patient messianism）：一方面，要求人們以「耐心」（patient）等待明日性救世主的來臨，另一方面，又要求人們不能僅望穿秋水地「空等待」，而必須在今日趕緊（無

耐心）（impatient）地打掃及整修房子（改善當下的政治缺失），以便於明日以列維納斯式熱誠招待（"hospitality"）與歡迎（"welcome"）「他者」的方式來接待救世主。他在《友誼的政治》及＜法律的力量：威權神秘的基砥＞文中，以對「視域」（horizon）一字希臘字源的解構詮釋，試圖提供其「(無)耐心的救世主主義」所延伸「無耐心」vs.「耐心」的解構矛盾（deconstructive paradox）一個正當的詮釋。

> 視域（horizon）是限制（limit）亦是不在場的限制（the absent of limit），是視域上消失的視域，是無視域性「the ahorizontality」的視域，是如不在場限制的限制（the limit as absence of limit）（Derrida, 1997b: 12）。

視域在希臘文中有開放（opening）及限制（limit）雙重涵義。此雙重涵義又代表著一個無限前進或一段等待的時間。但是正義（解構主義）不管是如何無法被呈現是不能等待，它必須不能等待。

直接、簡單、扼要地說：「一個正義的決定總在當下即被要求」（Derrida, 1992: 26）。

由上所述，我們可以得知德希達心目中解構主義的政治「視域」不但是「無限」的永恆，更是「當下」的剎那，是一朵花中的天堂，是一粒砂中的世界，是永恆的剎那及剎那的永恆的綜合視域。事實上，德希達是藉由跳過N與1之間的「延異」過程，將站在最遠一端的救世主「N」拉到最近一端的壓迫者眼前「1」並要求「當下」的正義與決定。因此，與其說德希達是將政治「哲學化」或「文本化」，不如說是「去工具理性化」及「強制道德化」，解構主義的政治可被稱為一種「道德強制式」政治，然而，筆者對德希達此種「對他者單一要求反應的藝術」（或權宜措施？）持保留的態度。因為，德希達晚期解構主義為我們打開的是「潘朵拉」的盒子，僅留下一件東西在盒內──希望。希望之所以美麗，之所以成為被壓迫他者的生存依靠，是因為它是時間距離外的東西。距離使希望美麗。希望站得越遠，就可以被彩繪得越美麗。有誰不曾為許多內心遠方的東西著迷、痴狂？又有什麼事是西

元一萬年時，人類無法實現的希望（如果人類還存活的話）？相對地，強調當下責任與努力的解構式希望，卻將在下一刻即變成浮出水面後的氣泡──在現實情境的空中破滅成謊言；換言之，站在「0」前方的「1」、「2」、「3」解構民主政治希望馬上就被「0」的政治主體整合吸收，它永遠只留下承諾的「蹤跡」。用一個簡單的比喻，我們可以說，德希達來臨式民主政治是懸吊一根鮮美的紅蘿蔔於矇眼驢子的前面，紅蘿蔔不斷散發鮮美誘人的味道，使饑餓的驢子心眼，浮現忽隱忽現的救世主幽靈，一種非感覺式的感覺，一種似乎就在眼前的紅蘿蔔意象，利用此一「當下」的紅蘿蔔意象，要求驢子當下拉石磨，卻又使驢子永遠吃不著紅蘿蔔。

　　德希達瞭解「人本」的生命無常短暫，百憂感其心，萬事勞其形，實有情緒的起伏與極限，不能像「文本」的符旨在符號鏈中作無情緒及無盡的「延異」（縱使「人本」的生命與「文本」的符旨有一定的辯證關係），因此人們不可能擁有牛軛太多的「朋友」。那為何，還期待我們為一個永遠無法實現的「新國際世界」去做當下立即的努力？一個人在

有限的生命中又能經得起幾次承諾變成謊言的打擊？真實生活中，此種承諾／謊言變形後造成生命無法承受的打擊，在貝克特（Samuel Beckett）的《等待果陀》中展現無遺。劇中兩個主角黑思川根與瓦迪米在柳樹下一天荒謬的枯候後，果陀（希望、上帝或救世主的隱喻）違背他的承諾，並未在日落前出現。反而，遣派一個小男孩來告知他們，果陀今天不來了，但再度承諾明天日落前會「來臨」此地，請他們明天再來等待。黑思川根及瓦迪米無法面對此一當日即破滅的希望及承諾變謊言的殘酷事實，頓時失去再度等待的信心及生存的意志，決定在柳樹下上吊自殺，但卻因為沒有帶繩子無法上吊，臨時生智，將長褲脫下並將兩端褲管以小繩綁住，但打的褲結卻又不夠牢固，一拉，兩人差點跌個大跤；最後，兩人無奈地決定明天帶一條上吊的好繩子，來等果陀而荒謬地落幕。

　　既然，德希達的果陀式「救世主」有如此生命難以承受的缺失，那麼，我們是否應該就將德希達的解構主義打入後現代政治王朝的冷宮呢？不然。班甯頓（Geoffrey Bennington）指出：

德希達已經準備將來臨（à-venir）的思
考邏輯連接至一種政治，此種政治是絕
對不主體化的道德及政治形態，是延異
旅途中絕不停留當下的播散。它並非是
任何道德及政治決定的絆腳石，而是所
有此種決定可能性的基石，同時，又是
此種決定僵化不可能性的基石；所以，
解構主義反而是任何條文式本體論、知
識論及道德論的絆腳石（Bennington,
2000: 16）。

卡布托在《德希達的禱告與淚水》中亦指出：

新國際世界並非短暫的空中樓閣，而是
知識分子及道德激進分子跨越國家意識
邊界的精神聯盟，他們背負的「債務國」
（"the state of the debt"）不但是對馬克思
的精神債務，更是對第三世界、中歐及
西歐廣大被壓迫人民的實際債務，他們
已開放的心胸彩繪一個非國家本位主義
的國家，一個遠離目前國家主義爭紛不

斷的大同世界（Caputo, 1997: 132）。

「滄浪之水清兮，可以濯吾纓；滄浪之水濁兮，可以濯吾足」。以劍犁田或以鋤應戰均屬不智的作法。平實而論，晚期解構主義在《馬克思的幽靈》中的「新國際世界」及《友誼的政治》中的「來臨式民主政治」，因其「延異」屬性，並不能提供我們一張可以在當下情境「實現」的政治藍圖，且有承諾／謊言一體兩面的解構特性，但我們必須承認，此種「道德強制式政治」卻是貫穿灰色（非黑亦非白）「實用式友誼政治」雲朵的一道陽光，一道來自遠方「美德式友誼政治」的金色陽光，此道陽光雖然不能有效且具體地解決雲朵當下的灰色問題，卻可以提供雲朵解決問題的大方向——正義（但我們必須認清，此種正義絕對不可能被主體化或條文化成為道德及政治形態實踐），「新國際世界」的理念的確可正當化國際知識分子及道德激進分子，一個跨越國家意識邊界的「美德式」政治，團結少數的力量，喚起大眾的聲音，要求以國家利益為宗旨的強勢政權，能為人權、為被壓迫的他者、為共同的

生態環境做讓步及努力，並且它對後現代馬克思主
義的詮釋，對福山式民主政治及自由經濟市場決定
論的中肯批判及對陽性文本霸權主導的兄弟式友誼
政治的質詢，均值得我們深思。

　　易言之，筆者認為，德希達的解構主義政治雖
然不是一個值得我們採納的「執政黨」政治哲學
（此種政治因現實的考量，其「妥協性」及「功利性」
永遠高於「道德理想性」），然而，它卻是一個絕佳
的「反對黨」政治哲學，原因有二：其一是其永遠
纏繞性：幽靈強而有力的纏繞邏輯可問題化對弱勢
族裔的微觀權力管理、排擠、歧視與消音，提供邊
緣性他者一個可以不斷糾纏、干擾中心主體專政及
獨裁的解構工具，因此，方能在數十年的後現代
「去中心」洪流中屹立不搖。其二是其永遠忠誠性：
解構主義政治的策略是將現實的政治打上叉號
（under erasure），但卻不欲求中心，更避免取代中
心，因此不會為中心權力欲望而出賣弱勢他者的權
益（馬克思的共產主義在二十世紀之所以變質為令
人唾棄的史達林主義，部分原因即是因為馬克思低
估了人類的自私心及在革命運動中的權力欲望）。

　　職是之故，德希達送給政治界的解構主義可以說是一把普羅米修斯（Prometheus）永遠不斷重複閃爍的火焰。與其因恐懼它「虛無主義」破壞性及「形式救世主主義」謊言的危險性，而燒傷自己，不如瞭解並掌握其「反對黨」的特性與長處來服務我們，給邊緣性他者的論述與反壓迫運動一個更「正義」、更「光明」的生存情境，讓絕對「他者」永遠singular的幽靈纏繞，向真正singular的解構正義邁進。

註 釋

1 傅柯在談論他《性欲史》的訪談中也談到因友誼的相互性
造成它與性關係的不能相容性。當他被問及:「希臘文化
中似乎還有一個層面,在亞里士多德中可以讀到,但你卻
並沒有討論到,但它又似乎相常重要——即是友誼」。他
回答道:「不要忘記《愉樂之運用》探討的是性倫理,而
非愛情、友誼或相互性。當柏拉試圖嘗試結合少男之愛和
友誼時,他即必須把性關係擱置一旁,這是相當有趣的。
友誼是相互性的,性關係則不然:在性關係中,你不是去
穿入,即是被穿入……如果要得到友誼,就很難得到性關
係」(Dreyfus, 1982: 233)。

參考書目

Aristotle (1976). *Ethics*. Trans. J. A. K. Thomson. London: Penguin.

Bacon, Francis (1857). *Bacon's Essays*. London: John W. Parker and Son, West Strand.

Beckett, Samuel (1965). *Waiting For Godot*. London: Faber and Faber Limited.

Bennington, Geoffrey (2000). *Interrupting Derrida*. London and New York: Routledge.

Blanchot, Maurice (1995). *The Writing of the Disaster*. Trans. Ann Smock. Nebraska: U Nebraska P.

Blanchot, Maurice (1997). *Friendship*. Trans. Elizabeth Rottenberg. California: Stanford UP.

Blanchot, Maurice (1988). *The Unavowable Community*. Trans. Pierre Joris. Barrytown, N.Y.: Station Hill P.

Caputo, J. D (1997). *The Prayers and Tears of Jacques Derrida: Religion Without Religion*. Bloomington and Indianapolis: Indiana UP.

Derrida, Jacques (1992). "Force of Law: The Mystical

Foundation of Authority." *Deconstruction and the Possibility of Justice*. Eds. Drucilla Cornelletal. London: Routledge.

Derrida, Jacques (1993). "Politics and Friendship: An Interview with Jacques Derrida." *The Althusserian Legacy*. Eds. E. Ann Kaplan and Michael Sprinker. London: Verso.

Derrida, Jacques (1997a). *Politics of Friendship*. Trans. George Collins. London and New York: Verso.

Derrida, Jacques (1997b). "Politics and Friendship: A Discussion with Jacques Derrida." Ed. Geoffrey Bennington. Online. Center for Modern French Thought, University of Sussex. Internet.

Derrida, Jacques (2002). "Politics and Friendship." *Negotiations: Interventions and Interviews 1971-2001*. Trans and Ed. Elizabeth Rottenberg. California: Stanford UP. pp. 147-98, 183-231.

Derrida, Jacques (1994). *Specters of Marx: The State of the Debt, the Work of Mourning, and the New International*. Trans. Peggy Kamuf. New York:

Routledge.

Dickinson, Emily (1960). *The Complete Poems of Emily Dickinson*. Ed. Thomas Herbert Johnson. Boston: Little Brown.

Dreyfus, H. L., and Paul Rabinow (1982). *Michel Foucault: Beyond Structuralism and Hermeneutics*. Chicago: U of Chicago P.

Gibran, Kahlil (1994). *The Prophet*. London: Bracken Books.

Nietzsche, Freidrich (1994). *Human All Too Human*. Trans. Marion Faber and Stephen Lehmann. London: Penguin Book.

結　論

> 在我留下（發表）「我的」書（沒有人
> 強迫我）的時候，我像不可還原的、永
> 遠學不會生活的幽靈，顯現──消失。
> 我留下的是蹤跡，同時意味著我的死亡
> （Derrida, 2004: 66）。

> 這土地我一方來，將八方離去（鄭愁
> 予，1979：120）。

　　德希達於二○○四年十月八日溘然長逝，終止
了其一生在後現代舞台上激進、新奇、立異、多
變、精彩、令「睹者」目不暇給的解構姿態。德希
達的解構論述得以在後現代暴風雨論述中，風行四
十年，並改變了人文及社會科學的景觀（land-
scape），實有其因──早期解構主義迷人又惑人之
處，是因其一朵朵解構術語及思維，宛若語言及哲

學幽谷中珍貴的奇花異卉,或爲山中採良／毒「藥」
(pharmakon)的師父——雲深不知處。晚期解構主
義的政治美學則是形而上深雪覆蓋的嫩綠,一種春
天永恆的承諾,一種無止盡的「來臨」(to-come),
或爲茵夢湖中的一朵白蓮,恆在最遠處閃爍散發著
絕美的光。簡而言之,「解構主義是對不可能事物
的不懈追尋」(Deconstruction is the relentless pursuit
of the impossible)(Caputo, 1997: 32)。

　　本書以德希達政治轉向後的文本作介紹與評
析,然而,德希達個人對政治的實際行動,也值得
我們在結論處,花一點篇幅來蘸墨揮筆。誠如羅狄
(Richard Rorty)分析德希達與德曼解構作品的差異
時指出:「德希達在許多時候似乎推崇並示範一種
遊戲的態度(an attitude of playfulness)。他常以一種
機智(witty)甚至輕浮(frivolous)的方式來辯
論,這幾乎是德曼從不曾有過的」(Rorty, 1995:
181)。事實上德希達是遵循(並超越)海德格「後」
形而上(post-metaphysical)的路線,以擺脫柏拉圖
形而上二元邏輯對西方哲學千年幕後的操控;無庸
置疑,早期德希達的確是靠其獨特遊戲的風格

（playful style）及對差異的運作（a play of differ-
ence），瓦解了僵直又嚴肅的結構主義系統。然而，
筆者在閱讀整理一系列德希達政治轉向後的演講及
訪談時，卻感受到德希達論述風格及態度的轉變：
德希達總以一種非常「眞誠」的語調，強調一種超
越國家利益的人道責任（humanitarian responsibility）
及政治承諾（political commitment）的重要性，以有
效地解決當今國際間許多不正義的問題。

　　舉兩例說明，二〇〇一年，政治轉彎後的德希
達，由於他對其出生祖國阿爾及利亞的具體政治貢
獻[1]，獲支持阿爾及利亞的知識分子國際委員會及人
權聯盟頒發「阿多尼獎」（Adorni Prize），德希達於
頒獎會上，發表＜支持阿爾及利亞＞一文，文中他
以眞摯的語調，對被法國暴力殖民的祖國在獨立過
程中所承受的憤怒，苦難及創傷（anger, suffering
and trauma）提出國際的呼籲：「首先一些努力必須
毫無遲疑地去做──使大眾輿論重視阿爾及利亞的
悲劇，並強調政府與國際財政機構的責任，以持續
支持阿爾及利亞（獨立後）的民主需求」（Derrida,
2003: 115）。另一個例子是德希達以具動行動與友人

組織「國際作家會議」，以援助受政治迫害的思想家、作家或記者。他指出當代一些思想家、作家與記者們因為毫無忌憚地「大鳴大放」，撻伐政體的暴政與威權，所以常常成為極權政體的首要打擊對象。由於他們勇於追求與實踐自由言論的理念，他們經常遭到迫害、監禁，甚至殺害。正因此，「一九九四年我們與一些友人共同建立了國際作家會議，以援助那些因為公開發表言論而遭到政府或非政府的民族力量迫害的作家、教授或記者。我們的目的是建立避難城去接待他們和幫助他們……我們認為文學，即寫作與說話的自由，在全世界都是根本性的。因此，這也是嚴肅對待文學、對待文學事業的一個理由」（Derrida, 2004: 27）。

從德希達對馬克思激進幽靈的肯定、布爾喬亞式民主政治的批判、兄弟式友誼政治霸權的質詢、人權的宣揚，及當今國際間各項政治弊端與現象（如當前民主政治與自由經濟的十大窘境，移民法、阿爾及利亞、以色列、反猶現象、恐外現象、國際難民事件以及九一一事件等）的直接又深入的探討，以及對受政治迫害的思想家、作家或記者的實

際援助，我們可以確定，政治轉向後的德希達對政
治議題，的確是以人道的責任，政治的承諾及實際
的行動「積極介入」。德希達「世紀末」的政治轉向
及追尋，使解構主義跨出文本性的符號疆界。

　　因此，從解構主義實際發展的過程而言，解構
主義或可粗略地區分為早期文本性導向的解構主
義，及晚期政治性導向的解構主義。但我們要強
調，德希達並沒有為晚期解構主義重新打鐵，鑄造
軸心：解構主義四十年，一路走來，始終如一。因
為，本質上，解構主義並無前後之分，兩者身上脈
動著相同的血液。誠如德希達在回覆日本友人的一
封信中曾一再強調：解構主義並不是一整套理論或
是一個方法學。所以解構主義的視域將不斷開放，
不斷延伸（Derrida, 1991: 270-6）。它可能是柏拉圖
的「藥」、是漂泊的「明信片」、是雙重性的「處女
膜」、是「蹤跡」、是「替補」、是「延異」、是「播
散」、是「嫁接」、是「禮物」、是「銘刻」、是「正
義」、是「邏輯困境」、是「救世主主義」、是「親切
招待」、是「原諒」、是「死亡」、是「哀悼」、是
「自動免疫系統」、是「再會」，也可能是「幽靈」及

「朋友」……。

　　解構主義是任何一個解構名詞，然而任何一個解構名詞均無法全然代表（現形）解構主義，解構主義的精神／幽靈將在世間不斷地向更真、更美、更善的視域播散。天地，萬物之逆旅；光陰，百代之過客，解構理念（deconstruction *per se*）或許可以「萬壽無疆」，但不可諱言，德希達本人及其對解構理念的詮釋有其特定時空的「壽命」與「疆域」。所以，在哲學朝代如季節般不斷更迭與嬗遞的歷史中，德希達必將失去其霓虹燈閃爍的舞台及革命的激進舞姿，而他所有「反建制」及「反經典」的解構論述，也將以後現代「雙重弔詭」的邏輯，成為哲學「建制」中後現代的「經典」。德希達是時間的遊子、空間的歌者，卻又將是時空的石像，這土地它一方來，將八方離去。

　　事實上，經由主動的閱讀、篩濾、選擇、詮釋及評論，我們已經於無形中「繼承」解構主義政治轉向後的話語幽靈。最後，讓我們以五句呼告作為本書《晚期解構主義》一種解構性、開放性、期待性的退場姿態：

啊！正義，世間並無正義（O justice, there is no justice）。

啊！禮物，世間並無禮物（O gift, there is no gift）。

啊！幽靈，世間並無幽靈（O specters, there is no specter）。

啊！朋友，世間並無朋友（O friends, there is no friend）。

啊！吾政治之解構主義⋯⋯（O my political deconstruction⋯⋯）。

註釋

1 德希達於一九三〇年出生在阿爾及利亞首都阿爾及爾
（Algiers）市郊El-Biar一個中下階級的西班牙裔猶太家
庭。

參考書目

Caputo, J. D (1997). *Deconstruction in a Nutshell.* Ed. John D. Caputo. New York: Fordham UP.

Derrida , Jacques (1991). "Letter to a Japanese Friend." *A Derrida Reader: Between the Blinds.* Trans. David Wood and Andrew Benjamin. London and New York: Harvester. pp. 270-6.

Derrida , Jacques (2003). "Taking a Stand for Algeria." *College Literature,* 30(1), pp. 115-124.

Derrida , Jacques (2004)。〈訪談代序〉。《書寫與差異》。張寧譯。香港：國立編譯館。頁7-31。

Rorty, Richard (1995). "Deconstruction." *The Cambridge History of Literary Criticism Volume 8: From Formalism to Poststructuralism.* Ed. Raman Selden. New York: Cambridge UP. pp. 166-96.

鄭愁予（1979）。《鄭愁予詩集 I：1951－1968》。台北：洪範書店。

The Late Deconstruction

The Late Deconstruction

文化手邊冊 68

晚期解構主義

作　　者／賴俊雄

出 版 者／揚智文化事業股份有限公司

發 行 人／葉忠賢

總 編 輯／林新倫

執行編輯／姚奉綺

登 記 證／局版北市業字第1117號

地　　址／台北市新生南路三段88號5樓之6

電　　話／(02)2366-0309

傳　　真／(02)2366-0310

劃撥帳號／19735365　戶名：葉忠賢

法律顧問／北辰著作權事務所　蕭雄淋律師

印　　刷／鼎易印刷事業股份有限公司

初版一刷／2005年5月

ＩＳＢＮ／957-818-738-6

定　　價／新台幣200元

Ｅ－ｍａｉｌ／service@ycrc.com.tw

國家圖書館出版品預行編目資料

晚期解構主義/賴俊雄著. -- 初版. --臺北
市：揚智文化 , 2005〔民94〕
　　　面；　公分
　　ISBN 957-818-738-6（平裝）

　　1. 解構主義

　143.89　　　　　　　　　　94006552